Alfonso Serrano Gómez, después de casi cincuenta años en la Universidad, ha sido testigo de cómo la selección del profesorado ha ido deteriorándose, especialmente a partir de la Ley de Reforma Universitaria (LRU) de 1983. Tras veintiún libros y más de centenar y medio de artículos y capítulos de libro sobre Derecho penal, Política criminal, Criminología, Derecho procesal, Constitucional... también se ocupó de la corrupción en la Universidad, cuestion a la que vuelve en el presente estudio debido a la nueva Ley sobre la Universiad que no resuelve los problemas que aquí se tratan, y crea otros.

Lo que se recoge en este trabajo es de sobra conocido por la comunidad universitaria, por lo que va dirigido a los estudiantes, sus padres y a quienes puedan interesar los entresijos de la Universidad. Dificilmente se puede entender que, para conseguir una plaza de profesor universitario, no se exija al concursante una prueba oral en la que demuestre que conoce la asignatura de la que pretende ser docente. Además, él y sus compañeros de Departamento pueden influir, o incluso decidir, quienes serán los profesores que formen la comisión que les va a juzgar en el concurso.

Las oposiciones y concursos al profesorado de la Universidad de siempre fueron conflictivos, llenos de intrigas, presiones, arbitrariedas y corrupción. La situación en cuanto a las exigencias a quienes se presentaban a oposiciones o concursos desde la LRU se han ido diluyendo. Con anterioridad, para ser Catedrático había que superar seis ejercicios. Uno de ellos consistía en la exposición oral ante el tribunal -normalmente durante una hora- de una lección del programa de la signatura sacado a suerte. A los Profesores Adjuntos (más tarde Titulares), también se les exigía conocer la asignatutura . Desde la LRU esa prueba oral ha desaparecido de los concursos, aunque en algunas universidades se ha mantenido. La nueva Ley Orgánica del Servicio Universitario (LOSU) de 2023, no mejora la situación, por lo que no hay perspectivas de cambio

Son los profesores los que dan prestigio a la Universidad, por eso hay que elegir a los mejores. Sin embago, en España, hace cuarenta años, en plena democracia, se inició un sistema lleno de arbitrariedas y corrupción para seleccionarlos, que se mantiene. De ahí la deficiente clasificación de nuestras universidades en los rankings internacionales.

40 AÑOS DEVALUANDO LA SELECCIÓN DEL PROFESORADO UNIVERSITARIO Y SIN EXPECTATIVAS DE CAMBIO

ALFONSO SERRANO GÓMEZ
Profesor Emérito de Derecho penal y Criminología

40 AÑOS DEVALUANDO LA SELECCIÓN DEL PROFESORADO UNIVERSITARIO Y SIN EXPECTATIVAS DE CAMBIO

Este libro ha sido sometido a evaluación por parte de nuestro Consejo Editorial
Para mayor información, véase *www.dykinson.com/quienes_somos*

Editorial DYKINSON, S.L. Meléndez Valdés, 61 – 28015 Madrid
Teléfono (+34) 91544 28 46 – (+34) 91544 28 69
e-mail: info@dykinson.com
http://www.dykinson.es
http://www.dykinson.com

ISBN: 978-84-1070-760-3
Depósito Legal: M-24153-2024

Preimpresión:
Besing Servicios Gráficos, S.L.
besingsg@gmail.com

OMNIBUS MOBILIBUS MOBILIO SAPIENTIA

Figura como lema en el escudo de la Universidad Nacional de Educación a Distancia. Frase del libro "Sabiduría" del Antiguo Testamento, capítulo 7, versículo 24, que se traduce como "**La sabiduría se mueve más que todas las cosas que se mueven**"; la frase alude tanto a la difusión de la sabiduría como a su necesidad de progreso y avance (Orden del Ministerio de Educación y Ciencia de 16-7-1975).

A Pilar y a Andrés

Contenido

INTRODUCCIÓN

La cuestión principal que se trata en este trabajo es que resulta difícil entender que durante 40 años para acceder a un puesto de profesor funcionario en la Universidad el aspirante y su entorno han podido decidir -o influir- en el nombramiento de quienes habían de ser los componentes del tribunal que le han de juzgar: todos o parte de ellos. Además, salvo en algunos casos, no se ha exigido a los concursantes realizar una prueba oral en la que demostraran conocer la disciplina a la que aspiran a ser profesores. La situación no ha mejorado con la nueva Ley Orgánica del Sistema Universitario (LOSU) de 2023 y legislación complementaria, pues en algunos casos se rebajan las exigencias en la acreditación del profesorado, no se resuelve el problema de la endogamia, se devalúan las figuras del rector y del Catedrático y se incrementa la politización de la Universidad.

Las arbitrariedades y corrupción en la selección de los profesores en la Universidad es una cuestión que viene de lejos[1], valga como ejemplo que Severo Ochoa fue premio Nobel, pero no pudo ser Catedrático, pese a que lo intentó[2]. El premio Nobel Ramón y Cajal también sufrió los avatares

[1] ÁLVAREZ MORALES, A., *La Ilustación y la reforma de la Universidad del siglo XVII*, Madrid, Ediciones Pegaso,1980, en pág. 9, bajo el epírafe " Los Catedráticos", escribe: "Varias Leyes de los Reyes Católicos, Felipe II y Felipe III prohíben los sobornos y las dádivas".

[2] GÓMEZ SANTOS, M., *Severo Ochoa. La emoción de descubrir*. Ediciones Pirámide, Madrid, 1993, en p. 20 recoge las siguientes palabras de Severo Ochoa: "En líneas generales probablemente debí ganar la cátedra. El hecho de que Negrín me forzara a hacer aquella oposición y que no la obtuviera -puesto que él debió tener buena parte de responsabilidad en ellas- me incliné a atribuirlo a su disgusto por

de las oposiciones[3]. Algunos de los problemas que se venían arrastrando se agravan desde la Ley de Reforma Universitaria (LRU) de 1983[4] y continuarán con la Ley Orgánica del Sistema Universitario (LOSU) de 2023. Se cumple así la sospecha que muchos teníamos de que cualquier reforma agravaría la situación anterior, y así será. Ahora hay que esperar nuevos cambios en la legislación universitaria que muy probablemente seguirán en esa línea.

1. Último periodo en la selección objetiva de la composición de los tribunales para la selección del profesorado universitario: 1975-1983.- Un Decreto de 1975[5] establecía que el presidente lo elegía el Ministerio de Educación y Ciencia, bajo ciertas condiciones, y el resto, seis vocales[6], por sorteo entre profesores de la misma disciplina. Recogía el decreto en el párrafo tercero de su preámbulo, que el "sistema de sorteo aúna el principio de objetivación con el de rigor y la competencia que concurren en quienes ingresan en los Cuerpos docentes universitarios". Ya en plena democracia la LRU, de 1983, estable-

el hecho de que yo me iba con Jiménez Díaz". El tribunal lo presidía Negrín. Ya no volvió a presentarse a ninguna oposición.

[3] GALLEGO, A., *Ramón y Cajal opositor a cátedras, visto a través de sus apuntes inéditos*. Santander, Publicaciones de la Universidad Internacional Menéndez y Pelayo, 1964. Recoge las arbitrariedades y peripecias que hubo de soportar Ramón y Cajal durante sus oposiciones a cátedras. Se presentó tres veces: la primera en 1878, a la cátedras de Anatomía descriptiva y general de las Facultades de Granada y Zaragoza; la segunda, un año más tarde, a la misma cátedra de la Facultad de Medicina de Granada. En 1883 ganaría la cátedra de Anatomía de la Facultad de Medicina de Valencia. Después de pasar por la Universidad de Barcelona, obtuvo la cátedra de Madrid en 1982. Recibió el premio Nobel en 1906 y se jubiló en 1922.

[4] NUÑEZ, C.E., *Universidad y Ciencia en España. Claves para un fracaso y vías de solución*, Madrid, Agadir, 2013, en p. 32 escribe: "Ante la notoria ineficacia del sistema universitario surgido de la LRU la respuesta de los sucesivos gobiernos ha sido poner parches...En ningún momento ha habido un intento serio de renovar elsistema en profundidad y eliminar las raíces de su ineficacia".

[5] Decreto 2211/1975, de 23 de agosto (BOE núm. 228 del 23 de septiembre), sobre nombramiento de Tribunales para el ingreso en los Cuerpos docentes de la Universidad y sobre la adscripción del profesorado perteneciente a los mismos.

[6] Se reducen a cuatro, manteniendo el sorteo, según establecía el Real Decreto 84/1978, de 13 de enero (BOE núm 19, del 23), sobre formación de los Tribunales para ingreso en los Cuerpos docentes de la Universidad. Tanto este Real Decreto como el 2211/1975 fueron derogados por el Real Decreto 1324/1981 (BOE núm. 162, de 8 de julio), sobre formación de los tribunales de concursos y oposiciones para el ingreso en los Cuerpos de catedráticos numerarios, profesores Agregados y profesores adjuntos de Universidad. Se mantiene el sorteo de los cuatro vocales.

ció un sistema que facilitaría corrupetelas y arbitrariedades, que fue derivando a peor y se mantiene en la actualidad. En esta Ley la Universidad nombraba dos y los otros tres a sorteo. Más tarde, la Ley de Reforma Universitaria (LOU) de 2001, cedió a las universidades la designación de los miembros de las comisiones[7], lo que terminaría en que los Departamentos en los que se había convocado la plaza influyeran o decidieran la composición de las comisiones. Los cambios que se hacen con la LOSU dejan las cosas prácticamente como estaban. Sobre todo esto se volverá más adelante.

2. Legislacion anterior a la LRU en la selección del profesorado.- Como se detallará después, la legislación de los años sesenta y setenta, que derogaría la LRU y el Real Decreto 1888/1984, pretendía ser lo más objetiva posible en la selección del profesorado, tanto en el nombramiento de los tribunales, como en exigir que los concursantes conocieran la asignatura. No sólo los componentes de los tribunales se elegían por sorteo, sino que permitía que los que participaban en las oposiciones pudieran hacer objeciones al resto por escrito[8] -especialmente en el campo de la investigación-, incluso debatir en público, ante el tribunal, con los demás opositores: era la famosa "trinca"[9] de las que yo presencié alguna. Las

[7] Ley Orgánica 6/2001, de 21 de diciembre, de Universidades (BOE de 24 de diciembre de 2001). Disponía el artículo 64.2: "Los Estatutos regularán los procedimientos para la designación de los miembros de las comisiones de acceso".

[8] Recogía la Orden de 12 de marzo de 1974 (BOE núm. 89, de13 de abril), Profesores universitarios. Normas para concursos-oposiciones a plazas de profesores Agregados (pasarían a Catedráticos en la LRU. Esta fue la forma de ingreso durante una época. Los Agregados ascendían a Catedráticos por concurso, no se ingresaba directamente como Catedrático). En su apartado IV, que se ocupaba de los ejercicios, decía: "12. El primer ejercicio...Los opositores formularán por escrito, que entregarán al Tribunal, en el momento de su intervención el juicio crítico que les merezca la labor docente y científica previa de sus coopositores. La réplica de éstos se hará, en cada caso a continuación de aquella lectura, pero se ratificará por escrito, entregado al Tribunal , en un plazo de veinticuatro horas".

[9] PÉREZ DÍAZ, V., *Universidad, ciudadanos y nómadas*, Madrid, Ediciones Nobel, 2010, en p. 150 escribe: "El mecanismo de selección de los opositores a cátedra con una *disputatio* o discusión abierta entre los contrincantes a la vista del público había sido un componente meritocrático dentro del sistema clientelar tradicional. Respondía a la circunstancia de que las divisiones tradicionales entre los catedráticos obligaba a la definición de unas reglas de juego relativamente objetivas para dirimir los conflictos clientelares relativos a la asignación de los recursos docentes. En cumplimiento de estas reglas era vigilando y sancionando por una opinión públi-

discusiones entre los concursante a veces eran muy duras y podían prolongarse varias horas -teniendo que poner orden el tribunal-, pero eran en público y permitían desmontar la debilidad científica de quien al final de forma injusta conseguiría la plaza. En alguna ocasión las peleas entre las diferentes escuelas llevaba a que no saliera el protegido, sino un tercero, que incluso podía ser independiente. Estos debates solían dejar un poso de enemistad y rencor entre los contendientes e incluso entre los componentes de las distintas escuelas a las que pertenecían. Aquellas discusiones[10] prácticamente han desaparecido como consecuencia de la participación del concursante y su entorno en la selección del tribunal que ha de juzgarle, lo que lleva a que casi siempre se presente sólo, sin contrincantes. En todo caso hay que tener en cuenta que en aquellas épocas eran varios los concursante a una sola plaza, no como ahora que suele ser aspirante único. También hay que recordar que entonces había más ambiente universitario que ahora, ambiente que se respiraba en los Colegios Mayores[11] .

---

ca universitaria. El mecanismo generaba un mínimo de orden y de procedibilidad; al mismo tiempo introducía mínimos de exigencia de competencia profesional o de excelencia, y abría oportunidades a gentes en oposiciones marginales dentro de las redes clientelares, e ncluso, a veces, a gentes independientes que podrían deslizarse entre las redes clientelares aprovechando una situación entre fuerzas contrarias".

[10] GINER DE LOS RÍOS, F., sobre las tradicionales disputas en la selección del profesorado en la Universidad, recoge en su trabajo "Reformas de nuestras Universidades", 1902: "No hay para qué discutir si la experiencia ha demostrado que el mecanismo de la oposición evite más el nepotismo, el favoritismo, la pasión sectaria y otras inmoralidades -aun de las más vulgares y groseras hay tácitos ejemplos, que los otros; la teoría de las garantías exteriores pierde terreno cada día". Esta referencia la tomo de la edición de Teresa Rodríquez de Lecea: Francisco Giner de Los Ríos, *Escritos sobre la universidad española*, Colección Austral, 1997, p. 97.

[11] LÓPEZ MEDEL, J., en *Ortega y Gasset en el pensamiento jurídico*, Madrid, Dykinsón, 2003, en p. 274 dice que "desde su nacimiento fueron núcleos creadores de libertad y de responsabilidad ". En la 271 y ss. hace referencia a los Colegios Mayores más importantes: "Cerbuna", en Zaragoza; "Cisneros", en Madrid; "San Raimundo de Peñafort", en Barcelona; "Fonseca", en Santiago de Compostela; "San Bartolomé", en Salamanca; "Gregorio de la Revilla", en Valladolid; "César Carlos", en Madrid (para postgraduados). También cita la "Residencia de Estudiantes", en Madrid. En los Colegios Mayores había una gran actividad cultural. Por muchos de ellos pasaron universitarios que luegon destacaron en distintos sectores sociales, incluída la Universidad.

3. Eliminación en los concursos de acceso al profesorado de la prueba que consistía en conoceder la asignatura.- Este ejercicio, que tradicionalmente se venía exigiendo, tal vez era el más importante, pues quien aspiraba a ser profesor de una disciplina debía demostrar que la conoce. Esta práctica tiene antecedentes remotos[12], pero la nueva ley no exige conocer el programa de la misma. Para los Catedráticos no se hace referencia al programa; los Profesores Titulares de Universidad solo tenían que exponer un tema elegido por ellos mismos del programa presentado[13]. Más tarde, la Ley de Reforma Universitaria (LOU) de 2001, transfiere a las universidades la regulación de "los criterios para la adjudicación de las plazas" [14], lo que permitió que se siguiera sin exigir una prueba sobre el conocimientode la materia, aunque hubo excepciones. En las recientes convocatorias de plazas que se están haciendo en base a lo que establece LOSU no se contempla la realización de un ejercicio sobre el conocimiento del programa de la disciplina[15].

[12] ÁLVAREZ MORALES, en ob.cit., p. 10 dice: "Conocida es la descripción de Torres Villarroel, de sus oposiciones a la cátedra de Salamanca de Matemáticas, en 1726, en las que sólo pudo realizar el primer ejercicio, la exposición de un punto elegido de entre tres sacados al azar entre todos los que formaban el programa. El segundo, que era un exámen ante el claustro pleno,no se realizó, porque no tenía entonces esta escuela sujeto alguno que estuviese instruido porque entre los más de sus profesores pasaban de nuestras tablas y figuras por una especie de brujería y cabalismo".

[13] De acuerdo con los artículos 37 y 38 de la Ley y el artículo 9.5 del Real Decreto 1888/1984: "La segunda prueba para los concursos a plaza de Profesor Titular de Universidad ... será pública, y consistirá en la exposición oral por el concursante, durante un tiempo mínimo de cuarenta y cinco minutos y máximo de hora y media, de un tema relativo a una especialidad del área de conocimiento a la que corresponda la plaza o conjunto de plazas convocadas, elegido libremente por el mismo".

[14] Disponía en su artículo 62.3: "En los concursos de acceso, las Universidades harán pública la la composición de las Comisiones, así como los criterios para la adjudicación de las plazas". En su reforma de 2007 el art. 62.4 quedaba como sigue: "Igualmente los estatutos de cada Universidad regularán el procedimiento que ha de regir en los concursos, que deberá valorar, en todo caso, el historial académico, docente e investigador del candidato o candidata, su proyecto docente e investigador, así como contrastar la capacidad de exposición y debate en la correspondiente materia o especialidad en sesión pública".

[15] Vid. Concursos a plazas de cuerpos docentes universitarios convocadas en BOE del año 2024 núms., 143, 150, 155, 157, 162, 164, 165, 173, 220, 236, 238. Vid. nota 92.

De lo anterior se desprende que mientras los estudiantes para aprobar la asignatura tienen que demostrar que la conocen, a los profesores no se les exige en las pruebas de acceso a la Universidad.

Las arbitrariedades y corrupción indicadas, más otras muchas que padece la Universidad, no suponen un grave riesgo para su supervivencia, pero si para el prestigio y el cumplimiento de su función social. Qué duda cabe que su éxito y reconocimiento sería mayor -a nivel nacional e internacional- si se erradicaran las arbitrariedades. En cuanto al profesorado, aunque algunos sean críticos con el sistema, a titulo individual poco pueden hacer para cambiarlo, por tanto, tienen que aceptar las reglas establecidas. Lo que si lleva consigo, además de otros problemas, es la fuga de cerebros[16]. En general se suele leer menos y ante la publicación de tantas obras a los libros no se les suele dar tanta importancia como antes[17].

A corto o medio plazo, incluso a otro más lejano, no habrá reformas de calado que mejoren la situación, pues la mayoría de los que forman parte de los estamentos involucrados en el actual sistema arbitrario -incluyendo el político-, lo aceptan o toleran, aunque lo critiquen. “La primera condición para mejorar la calidad del Sistema Universitario Español es reconocer que es muy insuficiente”[18], cuestión que no se quiere plantear. No esperemos cambios importantes, pues los partidos políticos no han tenido especial interés por la Universidad, salvo en los temas electoralistas que pudieran afectarles. En el deterioro de la Universidad han contribuido tanto la legislación de socialistas y populares como la propia comunidad universitaria[19]. En todo caso, la Universidad ha evolucionado,

---

[16] Vid. Informe de la Comisión de Expertos para la Reforma del Sistema Universitario Español que se recoge más adelante en el apartado V.

[17] Vid. SÁNCHEZ RON, J. M., *Cajal y la emoción de los libros*, Madrid,Consejo Superior de Investigaciones Científicas, 2024.

[18] Informe de la Comisión de Expertos para la Reforma del Sistema Universitario Español que se recoge más adelante en el apartado V.

[19] ALARICO y FRANCO, M. A., “Cincuenta años de Universidad y continuando”, en HERNÁNDEZ, J. DELGADO-GAL, A., y PERICAY, X (eds.), *La Universidad cercada. Testimonio de un naufragio*, Barcelona, Anagrama, 2013, en p. 59 escribe: “Si la Universidad no funciona bien en España, algo tendremos que ver los que en ella hemos dedicado más de cincuenta años... Las leyes, los decretos, los sistemas

pero con un desarrollo inferior al que debía, y como institución está en declive. No hay que rendirse al desánimo[20].

de selección de los diferentes estamentos, y algunos vicios comunes de la sociedad española: amiguismo, endogamia, absentismo, sin duda tienen tanto o incluso más que ver".

[20] RAMÓN Y CAJAL, S., *Reglas y consejos sobre investigación científica. Los tónicos de la voluntad* (prólogo de Severo Ochoa), Madrid, Colección Austral, 16ª ed., 2000, al ocuparse de nuestra deficiente situación científica, en p. 208 escribe. "Pero no es hora de filosofar sobre las causas de nuestra caída, sino de levantarnos lo más rápidamente posible". En p. 211. "A los profesores de todas clases les diría: Trabajad hoy más que nunca por la creación de ciencia original y castizamente española.

CAPÍTULO 1
PERIODO 1983-2023[21]

I. ARBITRARIEDADES Y CORRUPCIÓN EN LA SELECCIÓN DEL PROFESORADO

Desde la Ley LRU de 1983 la legislación ha permitido más arbitrariedades, hasta terminar en un sistema aceptado o tolerado por todos los que participan en la selección del profesorado. Sobre esto se volverá más adelante.

La ley, que tenía carga política,[22] fue muy contestada. Nieto ya hacía referencia a "la tribu universitaria"[23]. Hay más de medio centenar de obras que se han publicado con críticas y propuestas a la ley y sistema de selección del profesorado que han sido desoídas[24]. En los últimos años se ha venido desistiendo de esa lucha, dando la batalla por perdida; han ganado los políticos, sin importarles el daño que han causado con

---

[21] A partir de este capítulo este trabajo se publicó en el Diario LA LEY, aunque ahora ha sido revisado y ampliado, en el núm.10578, de 1-10-2024 , bajo el título: "40 años devaluando la selección del profesorado universitario".

[22] OLLERO TASSARA, A., *Qué hemos hecho con la* Universidad. *Cinco lustros de política educativa*, Pamplona, Thomson-Aranzadi, 2007, en p. 327 escribe: "El arranque de la política educativa socialista en el 82, con Maravall, se caracterizó por un doble rasgo: ambición doctrinaria y notable respaldo presupuestario. El panorama era ya particularmente diverso en 1989, con Solana. El fervor doctrinario parece rebrotar; en efecto, estaba en marcha el proyecto de reforma (la futura LOGSE, que se aprobaría al año siguiente) y cuyos efectos han sido muy negativos".

[23] NIETO, A., *La tribu universitaria*, Tecnos, 1984.

[24] Vid. mi obra *Corrupción en la Universidad. La ley y sus efectos negativos en la selección del profesorado*. Madrid, Dykinson, 2015.

la devaluación de la Ciencia. La LOSU, de 2023, tampoco se hace eco de las observaciones realizadas por todos aquellos profesores que se interesaron por la Universidad. No elimina la endogamia, ni mejora el procedimiento de acreditación del profesorado que politiza todavía más. Sigue en la línea de las reformas de los últimos cuarenta años que vienen deteriorando el sistema universitario.

1. *Darles un poste de teléfono con faldas a tres miembros del tribunal que estén dispuestos a votarle, aunque sea a cara de perro, y lo harán profesor*

Esto es lo que decía un Director General de Universidades hace más de cuarenta años sobre las arbitrariedades que se podían cometer en la selección del profesorado. No era con carácter general, pero indicaba hasta donde se podía llegar. La situación, de una u otra forma, y para casos concretos, se mantiene en la actualidad. Voy a poner unos ejemplos sobre arbitrariedad y corrupción anteriores a la LRU que son inconfesables.

2. *Supuestos arbitrarios*

2.1. *Concurso-oposición a una plaza de Derecho penal (Criminología).*- Los ejercicios tuvieron lugar en 1979. Según una Orden del Ministerio de Educación y Ciencia la materia que figuraba dentro del paréntesis era "para satisfacer las necesidades de una enseñanza especializada"[25], es decir, la Criminología. En principio hay que indicar que de los cinco miembros del tribunal solo el presidente tenía formación criminológica, los otros cuatro se habían dedicado prácticamente sólo al Derecho penal, no a la Criminología, materia fundamental a valorar en el concurso-oposición.

[25] La Orden de 4 de marzo de 1971, del Ministerio de Educación y Ciencia, sobre la dotación de plazas de Agregados, decía: "En los casos en los que la plaza de Profesor Agregado que sea creada venga a satisfacer las necesidades de una enseñanza especializada, dentro de una disciplina ya servida por una Cátedra, la denominación de aquélla deberá comprender el nombre de la Cátedra, figurando entre paréntesis el de la especialidad". En el Departamento había una Cátedra dotada y ocupada por un Catedrático.

Concurrieron tres profesores adjuntos: G, P y S. En la presentación había que entregar al tribunal una Memoria sobre "concepto, método y fuentes del Derecho penal y otra de Criminología", así como dos programas. Era necesario que los programas -o uno unificado- tuvieran temas correspondientes a la materia más general y a la propia especialidad, con al menos 50 de cada una de ellas. Sólo (S) presentó ambas Memorias y programas; (G) y (P) nada más en Derecho penal. De otra parte, estos dos tampoco presentaron, aunque era obligatorio, trabajos sobre Criminología y justificar que habían ejercido docencia sobre esta materia, que no tenían, (S) sí la tenía. Por todo ello el tribunal no debió admitirlos al concurso-oposición, pues en realidad no reunían los requisitos exigidos. Durante los ejercicios sólo (S) trató del Derecho penal y la Criminología, los otros dos se ocuparon del Derecho penal.

El tribunal, por mayoría -tres de sus miembros- propuso al Ministerio para ocupar la plaza al concursante (G), que había obtenido 25 votos, frente a (S) que obtuvo 26. Ello en contra de lo establecido en la legislación, -como se verá más adelante-, pues la propuesta tenía que ser la del candidato que hubiera tenido más votos en el total de los ejercicios. Durante el desarrollo de los mismos la mayoría del tribunal no se ajustó a la legislación por la que regía el concurso.

Tampoco se tuvo en cuenta lo que disponía el inciso primero del punto 11 de la Orden Ministerial de 12 de marzo de 1974: "En el momento de su presentación, los opositores entregarán al tribunal los trabajos profesionales y de investigación". Según la materia que comprendía la plaza convocada los trabajos de investigación tenían que ser de Derecho penal y Criminología. Solamente (S) presentaba trabajos de ambas materias, los otros sólo de Derecho penal. Los de (S) eran 28 de Criminología, 12 de Política criminal y 19 de Derecho penal, seis eran libros. El concursante (G) presentó un libro y cinco artículos, todos de Derecho penal; (P) tres libros y 10 artículos, todos de Derecho penal. La postura del presidente en defensa de que la Criminología era lo fundamental a valorar en el concurso no fue atendida, pues estaba en minoría.

Tampoco se observó lo dispuesto en el apartado 2.a) de la misma Orden, que decía: "Haber desempeñado función docente o investigación efectiva durante tres cursos completos, como mínimo". Todos tenían experiencia en Derecho penal, pero solamente (S) también la tenía en Criminología -los otros dos carecían de ella-, pues había sido profesor de un Instituto de Criminología durante ocho cursos.

El tribunal propuso, por mayoría de tres, para ocupar la plaza a uno de los opositores (G) que habían obtenido el menor número votos en el total de los ejercicios, en contra de lo establecido en la legislación .- Se vulneraba lo que disponía el párrafo segundo del número 22 de la Orden de 12 de marzo de 1974: "Cuando sea una sola la plaza de provisión, el tribunal hará la propuesta a favor del aspirante que haya alcanzado el mayor número de votos". Según las actas del concurso-oposición (S) había obtenido 26 votos -de los 30 posibles-, y 25 el propuesto (G), los mismos que el otro concursante (P)[26].

2.2. De las arbitrariedades inconfesables cabe citar otros supuestos. (N) se presentó a una plaza de Derecho penal en 1973 en la Universidad Complutense, como único concursante. El tribunal le votó por unanimidad en todos los ejercicios. Sin embargo, se declaró desierta la plaza.

2.3. *Caso "Lledó"*.- Este catedrático en el año 1987concursó a una Cátedra de Historia de la Filosofía Moderna y Contemporánea en la Universidad Complutense. También participó un Profesor Titular, la categoría inferior a Catedrático, que

[26] La propuesta fue recurrida ante el Ministerio de Educación -que mantuvo el resultado-, y más tarde ante la Audiencia Nacional. El Ministerio se involucró, pues uno de los altos cargos tenía gran influencia en el escalafón de los profesores de Derecho penal, por lo que para paliar su dudosa intervención ofreció a (S) un contrato laboral de catedrático si retiraba el recurso, a lo que éste se negó. Llegaron a hacer gestiones ante la Audiencia. (S) recibió información directa y fidedigna de que la posible decisión de la Sala oscilaba entre mantener el resultado o anular el concurso, para que se celebrara de nuevo. Mantener el resultado del concurso no lo permitía la legislación, pero si buscar cualquier defecto de forma para anularlo. Ambas soluciones le perjudicaban, pues de repetirse el concurso sería el que menos votados obtendría, y (G) el que más. Así las cosas, el influyente personaje del Ministerio propuso resolver la polémica mediante la oferta de enviar a quien se le había concedido la plaza (G) a otra Universidad de Madrid, con la adscricpción de la plaza a la misma, como así sería; ello sin ningún tipo de concurso. Ante esta situación (S) aceptó y retiró el recurso.

podía optar a la plaza al estar habilitado como Catedrático, que era prácticamente desconocido, mientras que Lledó, era Catedrático desde hacía más de veinte años, con treinta libros publicados, investigación en varias universidades extranjeras y reconocido prestigio nacional e internacional[27]. Fue un escándalo de repercusión nacional[28], pero Lledó se quedó sin la Cátedra. Tres de los cinco miembros del tribunal votaron para ocuparla al poste de teléfono, aunque fuera a cara de perro.

3. *Los cara de perro*

Recibían este nombre los que votaban a favor de quien no merecía la plaza. La votación era pública y lo hacían con la cabeza agachada, avergonzados ante el púbico que asistía al acto. Eran frecuentes los actos de desaprobación e incluso pataleos. Alejandro Nieto dice: "Este espectáculo, por lo menos, quedaba por mucho tiempo en la memoria del candidato que injustamente había obtenido la plaza"[29].

La situación ha cambiado, pues aunque se conceda una plaza a quien no la merezca -poste de teléfono-, ahora el concursante casi siempre se presenta sólo, sin contrincantes y con un tribunal favorable. Por tanto, no hay gestos de desaprobación, ni protestas, ni pataleos. No obstante, el antiguo poste de teléfono tenía que demostrar que más o menos conocía el programa de la asignatura -exposición oral de un tema del programa sacado por sorteo- y resolver un caso práctico, ejercicios que desde hace tiempo han desaparecido. Además, lo normal era que tenía que competir con otros concursantes en ejercicios en presencia de bastante público: profesores de la disciplina, aspirantes a serlo y otros interesados. Tampoco ni él, ni su entorno, tenían ninguna posibilidad de influir en el nombraminto de los miembros del tribunal. Si hoy se exigiera conocer el programa de la asignatura no pocos desistirían de

[27] Su trayectoria científica se confirma con el Premio Alexandre von Humbolt (Bonn, 1991), Premio Nacional de Ensayo (1992), Premio Internacional Menéndez y Pelayo (2004), Premio Nacional de las Letras (2014).

[28] En el Diario *El País*, en diciembre de 1987, publica varios artículos de prestigiosos Catedráticos que hacen duras críticas sobre los miembros de tribunal que no habían dado su voto a Lledó.

[29] NIETO, *La tribu universitaria*, cit., p. 84.

presentarse a un concurso de acceso al profesorado. Sobre todo esto se volverá más adelante.

II. Desde la Ley de Reforma Universitaria de 1983 (LRU) en los concursos de acceso a los cuerpos docentes universitarios no se exige conocer el programa de la asignatura

1. Con anterioridad a esta ley a los opositores se les exigía conocer la asignatura

Uno de los ejercicios consistía en conocer la disciplina. Entonces eran seis para los Catedráticos y tres para Titulares. En la LRU se elimina y, salvo alguna excepción, no se vuelve a recuperar. El ingreso era como Catedrático, pues no había más categorías. Desde 1965[30], no se hacía directamente como Catedrático, sino como profesor Agregado, categoría inferior a la de Catedrático a la que se accedía mediante concurso. La LRU elimina esta figura, convirtiendo en Catedráticos a todos los Agregados. Se vuelve al ingreso como Catedráticos mediante concurso de acceso entre profesores Titulares habilitados, cuestión sobre la que se volverá más adelante. Pues bien, en el ingreso como Agregado, que constaba de seis ejercicios, el cuarto consistía "en la exposición durante una hora como máximo, de una lección elegida por el tribunal entre diez sacadas a la suerte, del programa del opositor"[31]. Como anécdota hay que indicar que normalmente al opositor que tenía más apoyos entre los miembros del tribunal se le asignaba la lección más sencilla, y al resto la más difícil.

2. La coplilla

Por aquella época circulaba una coplilla que decía: "Lo primero y principal es tener el tribunal; lo segundo, e impor-

[30] Ley 83/1965,de 17 de julio, crea la figura del Profesor Agregado como categoría inferior a la de Catedrático.

[31] Orden de 26 de junio de 1966 (BOE núm. 157 de 2 julio) por la que se aprueba el Reglamento para los concursos-oposiciones para la provisión de plazas de Profesores Agregados de Universidad, Tit. III, Cap. II.

tante, es no tener contrincante; además por añadidura viene bien conocer la asignatura". Desde hace muchos años la coplilla ha quedado en letra muerta: el concursante casi siempre tiene a su favor todos los miembros del tribunal; ante esta situación casi nunca tiene contrincante, pues suele presentarse solo; por último, normalmente, salvo en algún caso, no tiene que conocer la asignatura.

3. *La LRU elimina el ejercicio de conocer la asignatura*

Esta eliminación se contempla en los artículos 37 y 38 de la ley, lo que se reproduce en el Real Decreto 1888/1984, por el que se regulaba los concursos para la provisión de plazas de los Cuerpos Docentes Universitarios[32]. Recogía en su art. 9.5: " La segunda prueba de los concursos a plaza de Profesor titular de Escuela Universitaria, Catedráticos de Escuela Universitaria y Profesor titular de Universidad será pública, y consistirá en la exposición oral por el concursante, por un tiempo mínimo de cuarenta y cinco minutos y máximo de hora y media, de un tema relativo a una especialidad del área de conocimiento a la que corresponda la plaza o conjunto de plazas convocadas, elegido libremente por el mismo". Es decir, no se le exigía conocer la asignatura, sólo un tema elegido por el propio concursante. Tampoco se exigía a los Catedráticos, pues en el apartado 6 de este artículo se recogía: "La segunda prueba de los concursos a plaza de Catedrático de Universidad será pública y consistirá en la exposición oral por el concursante, durante un tiempo máximo de dos horas, de un trabajo original de investigación realiza por el concursante sólo o en equipo".

Antes de la LRU en los concursos-oposición para Profesores Adjuntos de Universidad (Titulares tras la LRU), los ejercicios eran tres, y se exigía conocer el programa de la asignatura. Según una Orden de 1966 el segundo de los ejercicios

---

[32] Real Decreto 1888/1984, de 26 de septiembre (BOE núm. 257 del 26 de octubre), por el que se regulan los concursos para la provisión de plazas de los cuerpos docentes universitarios. Deroga 23 disposiciones entre reales decretos, decretos y órdenes ministeriales.

consistía "en la exposición oral durante sesenta minutos como máximo, de una lección del programa de la disciplina presentado por el aspirante, elegido por Tribunal entre tres sacados a la suerte"[33].

Los Profesores Adjuntos que se presentaron a concursos para Catedráticos después de la entrada en vigor de la LRU era lógico que no se les exigiera el examen sobre el conocimiento de programa, pues ya lo habían demostrado para ser Adjuntos. La situación no era la misma para los Titulares (antes adjuntos) que se incorporaron con posterioridad a la ley que, como hemos visto, no realizaban una prueba sobre el conocimiento de la asignatura. No obstante, en algunas universidades si se exigía conocer el programa de la materia, pues los estatutos de las mimas regulan los ejercicios. En todo caso, es una minoría los Catedráticos que en la actualidad ingresaron como Adjuntos (de estos apenas quedan algunos, pues en 1983, con la LRU pasan a Titulares) o Titulares que realizaron una prueba oral sobre el conocimiento del programa disciplina mediante sorteo.

4. *Profesor funcionario sin tener aprobada la Licenciatura*

El no exigirse conocer el programa de la asignatura, ni realizar un supuesto práctico, que también se había suprimido, y tener un tribunal favorable, permitió llegar a ser profesor funcionario durante muchos años a quien no había terminado la licenciatura haciendo uso de un expediente académico falso[34].

---

[33] Orden de 26 de junio de 1966 (BOE núm. 157 de 2 julio), por la que se aprueba el Reglamento para los concursos-oposiciones para la provisión de plazas de Profesores agregados de Universidad, Tit. III, Cap. II. En el mismo sentido art. 7 el Decreto 2212/1975 de 23 de agosto (BOE. núm. 229 de 24 septiembre) por el que se regula el sistema de ingreso en el Cuerpo de Profesores Adjuntos de Universidad. Este cuerpo se creó por Ley 14/1970 de 4 de agosto (BOE núm.187 del 6), General de Educación y Financiamiento de la Reforma Educativa.

[34] Sobre este polémico caso, que tuvo trascendencia política, ver el diario *La Tribuna de Albacete* de 14-5-1998, p. 12.

5. La Ley Orgánica de Universidades de 2001(LOU) no exigía a los concursantes de acceso al profesorado conocer el programa de la asignatura, pero si se obligó en las pruebas de habilitación previas a esos concursos

En su artículo 64.3 decía: "En los concursos de acceso, las Universidades harán pública la composición de las Comisiones, así como los criterios para la adjudicación de las plazas". Es decir, que en estos criterios era donde se podía incluir conocer el programa de la asignatura, que aunque en principio lo incluían algunas universdidades, con el paso del tiempo lo fueron eliminando, aunque se mantuvo en alguna.

En una reforma de la ley, en 2007[35], el art. 62.4 quedaba así: "Igualmente, los estatutos de cada Universidad regularán el procedimiento que ha de regir en los concursos, que deberá valorar, en todo caso, el historial académico, docente e investigador del candidato o candidata, su proyecto docente e investigador, así como contrastar la capacidad de exposición y debate en la correspondiente materia o especialidad en sesión pública". Si se exigía conocer el programa en el sistema de habilitación previo a los concursos de acceso, pero no posteriormente en los concursos para acceder a un puesto de profesor. Decía el artículo 59.2 de la ley sobre las pruebas de habilitación para Profesores Titulares de Universidad y Catedráticos de Escuela Universitaria: "La segunda consistirá en la exposición y debate con la Comisión de un tema del programa presentado por el candidato y elegido por éste, de entre tres sacados a sorteo"[36]. No se exigía conocer el programa en la habilitación a los Catedráticos (art. 60), pues para acceder a ella tenían que ser profesores Titulares de Universidad o Catedráticos de Escuela a los que ya se le había exigido. Esto se recoge y amplía en el artículo 10.4 del Real Decreto 774/2002[37]

[35] Ley Orgánica 4/2007, de 12 de abril (BOE núm. 89 del 13) por la que se modifica la Ley Orgánica 6/2001, de 21 de diciembre, de Universidades.

[36] Lo mismo se establecía en el art.58.3 para la habilitación de Profesores Titulares de Escuela Universitarias.

[37] Real Decreto 774/2002, de 26 de julio (BOE núm. 188, de 7 de agosto), por el que se regula el sistema de habilitación nacional para el acceso a Cuerpo de Funcionarios Docentes universitarios y el régimen de los concursos de acceso respectivos.

que trata de la habilitación (acreditación desde 2007) y concursos de acceso a los cuerpos docentes universitarios, dice: "La segunda prueba de habilitación para Profesores Titulares de Escuelas Universitarias, Catedráticos de Escuelas Universitarias y Profesores Titulares de Universidad consistirá en la exposición oral de un tema del programa presentado por el candidato y elegido por éste, de entre tres sacados a sorteo, durante un tiempo máximo de una hora. Seguidamente, la Comisión debatirá con el candidato acerca de los contenidos expuestos, la metodología a utilizar y todos aquellos aspectos que estime relevantes en relación con el tema, durante un tiempo máximo de dos horas. Los candidatos dispondrán de un tiempo máximo de una hora para la preparación de la exposición del tema".

La Ley Orgánica del Sistema Universitario (LOSU) de 2023 tampoco exige conocer el programa de la asignatura. Sobre esto se volverá más adelante.

6. *¿Por qué se elimina en los concursos de acceso al profesorado universitario tener que conocer la asignatura?*

Desde la LRU las exigencias en los concursos se fueron relajando. Con la LRU, el desarrollo quedaría en manos de la normativa de cada Universidad. Éstas no incluían un ejercicio oral en el que se demostrara que se conocía el programa de la asignatura, para no poner en riesgo a su propio candidato que concursaba. Aunque esta fue la tónica general hubo algunas que lo incorporaban en las convocatorias.

Las oposiciones con varios aspirantes fueron desapareciendo.El nombramiento por cada Universidad de los miembros de las comisiones que debían resolver los concursos llevó a que, salvo alguna excepción, solo se presentara un aspirante, que casi siempre era el candidato de la propia Universidad. Así las cosas había que realizar unas pruebas sencillas para que no pudiera fallar el protegido: lo mejor sería eliminar la prueba de conocer la asignatura, que era la más difícil. Preparar un programa lleva bastantes años. Este ejercicio muchos no hubieran sido capaces de exponerlo durante una hora, aunque se les daba un tiempo para prepararlo. Esto lleva a preguntase cuántos profesores universitarios consiguieron su plaza sin conocer el programa completo. Han debido de ser muchos, lo que sin duda ha influido en su labor docente e investigadora.

Se hace referencia a una reciente convocatoria en la que para justificar que el concursante conociera parte del programa y sin riesgo de que pueda fallar. Dice la convocatoria: "La segunda prueba para Profesores Titulares de Universidad consistirá en la exposición oral de un tema, durante un tiempo máximo de una hora, del programa docente presentado por el candidato, seleccionado por la Comisión entre diez temas de dicho programa, elegidos por el candidato, que cubran todo el perfil de la plaza"[38].

7. *Desde la LRU (1983) no se exige a los opositores resolver un caso práctico*

Antes de la Ley, como ya se indicó, en los concursos para el acceso al cuerpo de Profesores Agregados el quinto ejercicio era de carácter práctico y para los Profesores Adjuntos el tercer ejercicio era de "carácter eminentemente práctico".

La LOSU tampoco exige la realización de un caso práctico en los concursos de acceso.

Desde la LRU no sabemos si los que obtuvieron una plaza de profesor universitario conocían la disciplina y eran capaces de resolver casos prácticos más o menos complejos.

III. Endogamia

La endogamia no sólo concede la plaza al protegido, sino que, además, lo deja en su Universidad . Desde que la convocatoria de los concursos los hace la propia Universidad, salvo algún caso aislado, las plazas no se convocan hasta que no hay un candidato de la misma que seguro la ganará, pues,

[38] Resolución de 9 de julio de 2024, de la Universidad Politécnica de Madrid, por la que se convoca concurso de acceso a plazas de cuerpos docentes universitarios (BOE núm. 173, del 18, p. 90.201).

además, entre el aspirante y su entorno -el Departamento- proponen al Rectorado las composición de todos los miembro de la Comisión que ha de resolver el concurso, aunque hubo alguna excepción.

1. Los trashumantes

Antes de la LRU, cuando las oposiciones eran a nivel nacional, lo normal era que los Catedráticos -desde 1965 los Agregados- la única figura que había de profesor funcionario, pasara por varias universidades, esperando en muchos casos poder terminar su vida académica en la Universidad Complutense que era la de mayor prestigio, galardón que ya se ocupó de eliminar el legislador de 1983. El Nobel Ramón y Cajal estuvo en las universidades de Valencia y Barcelona, para terminar en la Complutense , recibiendo en 1906 el premio Nobel de Medicina por sus investigaciones sobre la estructura del sistema nervioso.

Desde hace muchos años la gran mayoría que terminan siendo profesores Titulares o Catedráticos iniciaron sus estudios en la misma Universidad en la que se doctoraron. Antiguamente no era así. Con frecuencia la plaza conseguida estaba en Universidad distinta a la que se había formado.

2. Evolución del sistema para seleccionar a los componentes de tribunales o comisiones que resolverían a profesores de Universidad

Hasta el año 1975 la legislación era dispar. El Decreto 2211/1975[39] las unifica.

2.1. *Sistema de elección por sorteo*.- El indicado Decreto establecía en su artículo 1° que los miembros de los tribunales serían siete, el presidente lo nombraba el Ministerio de Educación Ciencia y los seis vocales por sorteo. Los cuerpos eran Catedráticos, Agregados y Titulares de Universidad. Para

[39] Real Decreto 2211/1975, de 23 de agosto (BOE 228, del 23 de septiembre), sobre nombramiento de tribunales para el ingreso en los Cuerpos docentes de la Universidad y sobre la adscripción del profesorado perteneciente a los mismos.

los primeros todos eran Catedráticos; para los segundos se componía de cuatro Catedráticos y dos Agregados; para los adjuntos se sorteaban tres Catedráticos, dos Agregados y un adjunto. El presidente en todo caso era Catedrático. Un decreto de 1978 reduce el número de vocales de seis a cuatro.

2.1.1. El Real Decreto 1324/1981[40] *mantiene el sistema del sorteo.*- Modifica el Decreto anterior en cuanto al número de vocales, que ahora son cuatro. El presisente sigue nombrándolo el Ministerio de Educación y Ciencia. Se sortean cuatro vocales para Catedráticos, Agregados y Titulares.

2.2. *Sistema de tres por sorteo y dos nombrados por la Universidad convocante de la plaza.*- La devaluación de la forma de seleccionar comienza con la LRU (1983), pues la Universidad convocante de la plaza nombraba al presidente y a uno de los cuatro vocales (arts. 37 y 38). En su artículo 37.3 recogía: "Los concursos serán resueltos por comisiones compuestas por cinco profesores del área de conocimiento a la que corresponda la plaza, de los cuales el presidente, que será Catedrático de Universidad, y un vocal, serán nombrados por la Universidad correspondiente, en la forma que prevean sus estatutos; y los tres restantes... serán designados mediante sorteo por el Consejo de Universidades", según el procedimiento que reglamentariamente establezca el Gobierno (art. 35.3), que era mediante sorteo público entre profesores del área de conocimiento de la plaza convocada (art. 6 del Real Decreto 1888/1984).

2.3. *Todos los componentes los nombra la Universidad convocante de la plaza.*-En la Ley Orgánica de Universidades (LOU)[41] de 2001 se deja en manos de las Universidades el nombramiento de todos los miembros de las comisiones de selección del profesorado universitario. Recogía en su artículo 64.2: "Los Estatutos regularán los procedimientos para la

---

[40] Real Decreto 1324/1981, de 19 de junio (BOE núm. 162 del 8 de julio), sobre formación de los Tribunales de concursos y oposiciones para el ingreso en los Cuerpos de Catedráticos Numerarios, Profesores Agregados y Profesores Adjuntos de Universidad.

[41] Ley Orgánica 6/2001, de 21 de diciembre, de Universidades (BOE de 24 de diciembre de 2001). Entró en vigor el 13-1-2002.

designación de los miembros de las Comisiones de los concursos de acceso". Como consecuencia de esta disposición las universidades fueron estableciendo en su normativa un sistema que favorecía a los intereses de su profesorado[42].

Disponía el artículo 16.1 del Real Decreto 774/2002: "Los concursos de acceso a plazas de los cuerpos docentes universitarios serán resueltos, en cada Universidad, por una Comisión constituida a tal efecto de acuerdo con el procedimiento previsto en sus Estatutos".

La reforma de la LOU por la LO 4/2007[43] recogía en el artículo 62.3: "Los estatutos de cada Universidad regularán la composición de las comisiones de selección de las plazas convocadas y garantizarán, en cada caso, la necesaria aptitud científica y docente de sus componentes".

2.4. *Elección del tribunal por el concursante y su entorno*.- Desde 2001 el Departamento para el que se convocaba la plaza, que normalmente tenía un aspirante, era el que proponía a los cinco miembros de la comisión. Es decir, que el aspirante y sus compañeros elegían el tribunal, aunque hubo excepciones. Esto llevó a que sólo se presentara el que, como decía la *coplilla,* tenía el tribunal. Se llega a una situación muy arbitraria.

2.5. *En la vigente ley (LOSU), la mayoría se nombra por sorteo de una lista de profesores elaborada por la Universidad que convoca la plaza*.- Este sistema prácticamente deja las cosas como estaban. Sobre esto se volverá en el capítulo 2.

3. *Endogamia y dependencia. Los "peplas"*

El que recibe el apoyo de un Departamento, o del que lo controla, tácitamente está aceptando cierta dependencia a las reglas que rigen el mismo, especialmente con el "maestro".

[42] Prácticamente todas las universidades recogían en sus Estatutos que el Departamento para el que se había convocado la plaza era el que propondría el nombramiento de todos los miembros de la Comisión que habría de juzgarla. Como lo normal era que las universidades convocaran plazas en los Departamentos que había algún aspirante, los componentes de la comisión serían favorables a apoyarle.

[43] Ley Orgánica 4/2007, de 2 de abril (BOE núm. 89 del 13), por la que se modifica la LO 6/2001, de 21 de diciembre, de Universidades.

Esto puede ser un lastre para su futuro científico si su capacidad o línea de trabajo molestan a su entorno, al maestro o al jefe de escuela[44]. También existen los *peplas*, personajes aduladores, trepas y serviles, que una vez consiguen plaza se dedican a desprestigiar a quienes les apoyaron.

IV. SISTEMA DE HABILITACIÓN PREVIO PARA PODER PARTICIPAR EN LOS CONCURSOS DE ACCESO AL PROFESORADO UNIVERSITARIO Y SU RECHAZO

La LOU (2001) en su artículo 57 y ss. introduce la *habilitación nacional* como "procedimiento de acceso a cuerpos de funcionarios docentes universitarios seguirá el sistema de habilitación nacional previa". Es decir, había que superarla para posteriormente poder concursar a una plaza de los cuerpos docentes universitarios. Consistía en unas pruebas públicas ante una comisión compuesta por profesores de la misma materia elegidos por sorteo, según se desarrollaba en los indicados artículos y que apenas se modifican en el Real Decreto 774/2002[45] (sí por la LO 4/2007), que regulaba el sistema de habilitación nacional para el acceso a Cuerpos Docentes Universitarios.

1. Fuerte rechazo desde diversos sectores de las universidades al sistema de habilitación. Se prefería el arbitrario existente

Con la publicación del Proyecto de Ley que establecía un sistema más objetivo en la selección del profesorado, mediante una habilitación nacional ante un tribunal compuesto por

[44] RAMÓN Y CAJAL, en ob.cit., pp. 51-52 escribía: "De los dóciles y humildes pueden salir los santos, pocas veces los sabios... aún se da con harta frecuencia el fenómeno de que los discípulos de un hombre ilustre gastan sus talentos, no en esclarecer nuevos problemas, sino en defender los errores del maestro...¡Qué talentos conocemos que no han tenido más desgracia que haber sido discípulos de un gran hombre¡ Por lo que hace a esas naturalezas dóciles, tan fáciles de sugestión como pasivas y perseverantes en el error, las cuales forman el séquito de los jefes de escuela, su misión ha sido siempre adular al genio y aplaudir sus extravíos".

[45] Real Decreto 774/2002, de 26 de julio (BOE. núm.188 del 7 de agosto), por el que se regula el sistema de habilitación nacional para el acceso a los Cuerpos de Funcionarios Docentes Universitarios en el régimen de los cuerpos respectivos. Vid. nota 37.

profesores de la materia elegidos por sorteo público, la reacción en casi todas las universidades fue notable, pues se prefería el sistema de arbitrariedades existente.

Para eludir el nuevo sistema en casi todas las universidades se convocaron plazas sin tener en cuenta si eran necesarias o no en la plantilla, incluso si tenían presupuesto. Prácticamente se convocaron plazas para todo el que la pedía, siempre que reuniera los requisitos. Hubo huelgas a nivel nacional en contra del Proyecto de Ley[46]en la que participaron muchos rectores, pues la reforma les quitaba competencias[47].

Se convocaron muchas plazas, hay quien dice que unas 9.500[48], casi todas a partir de la segunda quincena de noviembre de 2001 hasta que se publicó la ley en el BOE el 24 de diciembre[49]. Por ejemplo, la Politécnica de Valencia convocó 357, según consta en el BOE de 28-11-2001[50] .

[46] CARRERAS, J., "Avaluació de la qualitat docent i promoció del professorat. Legislació universiària española: de la Llei de reforma universitària (1983) a la Llei orgánica d´universitats (2002), en *Temps d´Educació*, 29, 2005, en p. 272 dice que los participantes en una manifestación en Madrid para pedir que se retirara la ley fue de 350.000, según las fuentes de los convocantes, y 50.000 según el Ministerio. Entre los manifestantes había 25 rectores

[47] ESTEBAN, J., en el diario *El Mundo*, del 16-11-2001, p. 15, en su artículo "La Universidad de los despropósitos", escribía: "Hubo un Rector, el de Murcia, que ostentó su cargo casi de forma vitalicia. Pero en plena democracia, hay rectores y decanos que si no lo remedia la nueva ley van camino de lo mismo, pues llevan ya 16, 14 o 12 años en el puesto, lo que es una aberración, sobre todo en una institución en la que debe regir la renovación constante y la circulación de los mejores... ha surgido un fuerte *talibanismo* de muchos rectores que no quieren perder sus privilegios ni sus cargos". En las nuevas Universidades que se fueron creando en años anteriores, y posteriores, se nombraba por el partido gobernante un Decano para organizarlas. Éstos fueron influyendo en las dotación de plazas de forma que casi todos los nuevos profesores le estaban agradecidos. Por tanto, ganaban todas las elecciones, y mientras no hubiera un límite máximo de permanencia podían estar de por vida. Hubo algún decano profesor titular que una de las primeras cosas que hicieron fue crearse su propia Cátedra. A Alguno el presiente de la Comunidad tuvo que pedirle que dejara de una vez el rectorado.

[48] CARRERAS, en op. cit., pp. 260 y ss. hace un estudio de la tramitación parlamentaria de la LOU. En p. 272 dice que se convocaron 9.500 plazas, la mayoría en noviembre de 2001.

[49] Ley Orgánica 6/2001, de 21 de diciembre (BOE del 24), de Universidades. Entró en vigor el 13-1-2002, por lo que las peticiones se podrían haber presentado antes de esa fecha.

[50] Se convocaron 45 plazas de Catedráticos, 208 de titulares de Universidad, 19 de Catedráticos de Escuela Universitaria y 85 de Titulares de Escuela Universitaria.

El Gobierno debió anular estas convocatorias masivas. Se limitó a mirar para otro lado, sin importarle la corrupción y los efectos negativos en la Universidad. Prefirió tolerar esta inmoralidad que enfrentarse a posibles protestas y manifestaciones de profesores y políticos, con el riesgo de pérdida de votos en elecciones.

Lo anterior pone de manifiesto que ni a las universidades ni al profesorado les preocupaba la objetividad, aceptan o toleran el sistema de arbitrariedad, que se mantenía desde la Ley de 1983.

2. *Sistema de habilitación de la LOU*

Los artículos 57 y ss. de la ley, que se ocupan de la habilitación, se desarrollan en el Real Decreto 774/2002 indicado, con pocos cambios. Se trataba de un buen sistema, pues era público, oral, en presencia de siete especialistas con los que el aspirante podía debatir y defender su *currículum vitae*, proyecto docente e investigador, programa y conocimiento de la disciplina y un trabajo original de investigación. Las garantías y objetividad del resultado eran mucho mayores que las que ofrece el actual sistema opaco de la Aneca, sobre lo que se volverá más adelante.

Las comisiones estaban compuestas por siete profesores, presididas por un Catedrático de Universidad. "Los miembros de las comisiones de habilitación... serán elegidos por sorteo público... entre todos los profesores del área de conocimiento de la convocatoria" (art. 6.3).

Con la habilitación será menos heroico ser honesto. No obstante, aunque la situación mejora notablemente, al final todo dependía de la composición de las comisiones. Decía un Secretario General del Consejo de Coordinación Universitaria: "Creo que con la habilitación será menos heroico ser honesto"[51].

[51] Declaraciones al Diario *ABC* de 9-7-2002, p. 38.

2.1. *Pruebas de habilitación*.- El Real Decreto indicado en su artículo 10 se ocupaba de la "celebración de las pruebas". *La primera* para Profesores Titulares de Escuelas Universitarias, Catedráticos de Escuelas Universitarias, Profesores Titulares de Universidad y Catedráticos de Universidad, consistía en la exposición oral de los méritos e historial académico, docente e investigador..." *La segunda prueba*, de la que se eximía a los Catedráticos de Universidad, consistía "en la exposición oral de un tema del programa presentado por el candidato y elegido por éste, de entre tres sacados a sorteo, durante un tiempo máximo de una hora. Seguidamente, la Comisión debatirá con el candidato acerca de los contenidos expuestos, la metodología a utilizar y todos aquellos aspectos que estime relevantes en relación con el tema, durante un tiempo máximo de dos horas" (se les concedía un tiempo máximo de una hora para la preparación de la exposición del tema). *La tercera prueba* para Catedráticos de Escuela Univesitaria y Titulares de Universidad, que era la segunda para la habilitación a Catedrático, consistía "en la exposición oral por el candidato, durante un tiempo máximo de noventa minutos, de un trabajo original inédito de investigación realizado por el candidato sólo o en equipo, en este último caso, como director de la investigación, lo que deberá quedar documentalmente certificado". Para concurrir a la habilitación como Catedrático de Universidad había que ser Profesor Titular de Esuela Universitaria, Catedrático de Escuela Universitaria con tres años de antigüedad. Estas pruebas ofrecían interés y garantías, pues los componentes de las comisiones se elegían por sorteo, las pruebas eran públicas y, salvo para la habilitación a Catedrático de Universidad, había una prueba oral para demostrar que se conocía la disciplina, no como sucede con la Aneca, donde todo es por escrito, opaco y el solicitante no tiene ningún contacto con las comisiones de acreditación.

V. LA ANECA

1 Agencia Nacional de Evaluación de la Calidad y Acreditación

Se crea por un Real Decreto de 2007[52] derogando el de habilitación de 2002. Establecía un sistema totalmente diferente, que sería muy criticado. Se sustituye la *habilitación* por la *acreditación*.

Se ocupa de la evaluación -acreditación- que de ser positiva permite concursar a plazas convocadas por las universidades para acceso como profesor.

Así como el sistema de habilitación anterior era objetivo y debió de mantenerse, la Aneca ha sufrido duras críticas desde muchos sectores. No se han tenido en cuenta las observaciones que sobre la misma recoge el Informe de la Comisión de Expertos para la Reforma del Sistema Universitario Español[53], que entregaría al Ministro de Educación en febrero de 2013 y que terminaría olvidado en un cajón[54], eso sí, al Ministro se le premió con una embajada cuando cesó en su cargo, debió de ser por los servicios no prestados (hay algún otro supuesto de premio con embajada por los desastres creados en la educación). No es serio encargar un informe para simular que se quiere hacer algo cuando de antemano se sabe que no se hará. Decía el Informe en su apartado 1.4.1 que el sistema de la Aneca "No permitiría acreditar como catedrático a más de un premio Nobel y perjudica muy especialmente a los jóvenes más brillantes -precisamente a los que las universidades más deberían proteger- facilitando su expulsión del sistema

[52] Real Decreto 1.312/2007, de 5 de octubre (BOE núm. 240 del 6), por el que se establece la acreditación nacional para el acceso a los Cuerpos Docentes Universitarios.

[53] Los autores del Informe fueron: Miras-Portugal, Alzaga Villamil, Azcárrga Feliu, Capmany Francoy, Garicano Gabilondo, Goñy Ucelai, Puyol Antolín, Rodríguez Inciarte y Urrea Corres.

[54] GARICANO GABILONDO, L., *El dilema de España*, Barcelona, Ediciones Península, 2014, en p. 124 escribe: "La reforma que propusimos fue consignada al cajón de algún despacho del Ministerio para nunca más salir de allí, me temo. La Universidad española continuará sin tener incentivos para una investigación y una docencia excelentes".

universitario. De hecho, si bien es importante captar a un premio Nobel, que frecuentemente tiene su carrera tras de sí, no lo es menos no perder a nadie que pudiera llegar a serlo". Son muchos los jóvenes valiosos que se han marchado al extranjero como consecuencia de nuestro arbitrario sistema de política universitaria. Algunos son destacados profesionales o investigadores que no volverán.

A continuación se hace referencia a algunas críticas que se han hecho sobre la Aneca. Casi todos los críticos han terminado por abandonar, pues la comunidad universitaria defiende, o tolera, el sistema arbitrario en la selección del profesorado. También los políticos están en la misma línea. No quieren modificar el sistema, no sólo para jugar con sus intereses y los de sus correligionarios, sino también para evitar conflictos en la Universidad que puedan perjudicarles en las urnas de cualquier tipo de elecciones.

Se ha dicho de la Aneca que es una agencia de "desacreditación"[55]. "Las decisiones las toma la Aneca y su ejército de soldados anónimos en la más absoluta oscuridad"[56]. "Las peores corruptelas y los más ominosos compadreos"[57]. "Sistema catastrófico"[58]. Hay quien dice: "por qué es necesario cerrar la Aneca y neutralizar su ideología"[59] o "maleta ideológica"[60].

Hubo un director de la Aneca que renunció al puesto, parece que por discrepancias con el sistema de acreditación[61].

[55] SORIANO GARCÍA, J.E., "La Aneca una fundación ilegal", en *El Imparcial* de 21-1-2015.

[56] LINDE PANIAGUA, E., *El proceso de Bolonia: un sueño convertido en pesadilla*, Madrid, Cuadernos Cívitas, 2010, pp. 111-112.

[57] SOSA WAGNER, F., En el Diario *El Mundo* 22-6-2007, p. 5.

[58] GARCÍA OLMEDO, F., "Memoria universitarias" (1941-2011), en *La universidad cercada. Testimonio de un naufragio*, cit., p.176.

[59] BERMEJO BARRERA, J.C., *La maquinación y el privilegio. El gobierno de las universidades*, Madrid, Akal, 2011, p. 37 y ss. trata de esa cuestión. En p. 55 escribe: "La creación de la Aneca y la progresiva implantación del pensamiento Aneca en las universidades españolas han sido dos instrumentos clave en el desarrollo del proceso de desestructuración institucional y consolidación de un nuevo tipo de jerarquía que se encarna en la ideología y las redes de los evaluadores".

[60] SOSA WAGNER, op. cit., p. 5.

[61] M.A.G.M. renunció a la dirección de la ANECA el 22-2-2017. Fuente: https//www.facebook.com/investigagestores.

2. *Comisiones de acreditación. Código ético*

La *acreditación* consiste en una evaluación realizada por unas comisiones como requisito previo -que hay que superar-, para poder presentarse a concursos de acceso de plazas del profesorado universitario convocados por las universidades. No tiene otro valor ni hay límite en cuanto al número de los que pueden ser acreditados.

Se recogen a continuación dos supuestos -de al menos arbitrariedad-, para ver hasta donde han podido llegar las comisiones de acreditación. Hay que suponer que son casos extremos y que la mayoría de las comisiones vienen actuando "correctamente". No obstante, existen arbitrariedades y supuestos inconfesables en los que se debió sancionar por vulneración de Código ético que se comprometieron observar. No parece que se haya aplicado nunca.

Las primeras comisiones de acreditación estaban formadas por profesores de distintas materias y al no haber especialistas de todas era frecuente que los aspirantes fueran evaluados por profesores no expertos: la inseguridad era elevada[62]. No obstante, recibían el informe de dos expertos externos de la materia, ajenos a la comisión, que no eran vinculantes. En la actualidad se han incrementado el número de comisiones a 30[63] sustituyendo a las 21 anteriores para que haya un especialista por cada materia, pues el anterior informe de dos expertos externos se elimina en una reforma de 2015[64]. Los

---

[62] En carta dirigida el 30 de septiembre de 2008 al coordinador de la Evaluación del Profesorado de la Aneca, un catedrático de Filosofía del Derecho le comunicaba lo siguiente: "Quiero mostrar mi desconcierto al comprobar que de los tres expedientes que me acaban de enviar sólo uno se refiere a la materia en la que realmente soy experto… cumplí mis bodas de plata con la cátedra de Filosofía del Derecho en concreto. Puedo preciarme de conocer a fondo mi materia… Ello me permite valorar en qué medida la tarea realizada por algún docente o investigador de ella merece o no ser acreditado. No ocurre así con Historia del Derecho… Entiendo pues que sólo acepto informar uno de los tres expedientes que, por el momento se me han encomendado"

[63] La Resolución de 14 de noviembre de 2023, de la Agencia Nacional de Evaluación de Calidad y Acreditación crea 30 comisiones de acreditación y áreas de conocimiento asignadas a cada una de ellas (BOE núm.279 del 29), que sustituyen a las 21 anteriores.

[64] El Real Decreto 415/2015 elimina el requisito de los dos informes.

aspirantes que no cuentan con en el apoyo de algún grupo influyente, de poder o político normalmente tenían y suelen tener más dificultades en conseguir la acreditación. Esto es lo que hay, es el sistema, lo que no quiere decir que los mejor relacionados tengan menos méritos. También son un obstáculo serio los enemigos. Los dos casos que se exponen a continuación se refiere a las reiteradas peticiones de (S) para ser acreditado como Catedrático de Derecho penal de Universidad ante la Comisión de Ciencias Sociales y Jurídicas.

3. *Exposición de dos casos sobre arbitrariedades*

3.1. *Primer intento de acreditación, año 2014*.- Como en aquella época no había en las comisiones de acreditación especialistas de todas las materias a evaluar -en este caso no lo había- se pedía informe a dos especialistas externos, que no eran vinculantes. El informe de una catedrática de la materia (C), en relación con los trabajos de investigación presentados por un solicitante de acreditación (S), decía: *"sus publicaciones son abundantes, pero en su gran mayoría están vinculados a editoriales de su entorno"*. Así se despacha la producción científica del aspirante que presentaba 10 libros, siete como autor individual (uno con varias ediciones y traducido al portugués) y tres como coautor; uno de ellos, con otro autor, había llegado a la 16 ediciones. Los artículos aportados publicados en revistas eran 25, y los capítulos de libro, 32.

El otro informe preceptivo de un catedrático de la materia (G), decía: *"El solicitante acredita una relevante producción científica… En términos cuantitativos, la labor investigadora es muy extensa y completa. En términos cualitativos, los artículos se han publicado en revistas de acreditado prestigio; igualmente los libros y capítulos de libro. Las referencias a las citas de los distintos trabajos y a los indicios de calidad, ponen de relieve una producción de estimable calidad de aceptación… En definitiva, la valoración global de la actividad investigadora del candidato debe ser muy favorable, tanto por número de las publicaciones acreditadas como por la calidad de las mismas"*.

La Comisión hizo propuesta de denegar la acreditación con el argumento de que *"la obra monográfica se halla editada en una misma editorial, impidiendo valorar los índices de aceptación de otras editoriales de prestigio"*.

A la propuesta de no acreditación se podían hacer alegaciones, y se hicieron: se pidió que se solicitada un nuevo informe a otro experto pues el primero era nulo; no se pidió. Sus obras, algunas con varias ediciones se habían publicado en cuatro editoriales diferentes, como constaba en el expediente[65]. No había en la comisión ningún especialista en Derecho penal, disciplina para la que solicitaba la acreditación. En respuesta a las alegaciones sustituyen: "en la misma editorial" por "básicamente publicadas". Con estas indicaciones, sin el menor argumento, confirman la no acreditación, por lo que no podía participar en los concursos a plazas para catedráticos de universidad.

Evaluación de los evaluadores.-Uno de los miembros de la Comisión (C.I.) que había publicado 11 obras, 9 lo fueron en la misma editorial. Uno de los acreditados (C.P.) en la sesión que se le deniega a (S) había publicado todas sus obras en la misma editorial. De otra parte, (S) había publicado más libros (siete como autor único y en tres como coautor, uno era un tratado en su 16 ediciones), que ocho de los diez que componían la comisión, y tampoco ninguno era editor o coeditor de más obras que él. En cuanto a tiempo de investigación en el extranjero (S) justificaba más que ocho de ellos.

3.2. *Segundo intento en 2017*.- En la comisión seguían la mitad de los que formaban parte de la anterior. Los argumentos para no acreditar fueron similares. Ya se había suprimido el informe de dos expertos ajenos a la comisión. Así se daba más facilidad a la arbitrariedad y posiblemente en algún caso a la prevaricación. En esta convocatoria se exigían cuatro monografías, 15 artículos y 15 capítulos de libro. (S) presentó 9 monografías y cinco libros como coautor; 34 artículos y 33 capítulos de libros. La propuesta de resolución decía: *"Si bien se aportan determinadas monografías en*

[65] Expediente en la Aneca: 2014-001971P.

número inicialmente suficiente, se observa que prácticamente en su totalidad están publicadas en idéntica editorial que, aun de cierto prestigio, es prácticamente aquella en la que el solicitante reúne vínculos como director de la colección donde radican publicaciones lo que no resulta la más adecuada para valorar objetivamente su calidad". "Lo mismo ocurre con los capítulos de libro, editados todos ellos en la misma editorial". No hace falta mucha explicación para conocer la capacidad de la comisión que no valora unas obras por estar publicadas en cierta editorial en la que el autor dirige una colección jurídica de forma altruista. Además, no es cierto, pues según constaba en el expediente de forma muy clara, y se reitera en las alegaciones, las 14 obras estaban publicadas en ocho editoriales diferentes. Las nueve monografías en seis distintas y en dos más las cinco en la que era coautor. Los capítulos de libro estaban editados en 16 diferentes, ocho nacionales y ocho extranjeras; los artículos, en 11 editoriales distintas, seis españolas y cinco extranjeras. Todo esto constaba en el expediente de la Aneca[66].

Tras las alegaciones correspondientes, la resolución definitiva denegatoria decía: "*Se han valorado los distintos méritos aportados por el solicitante*", sin dar más explicaciones sobre las monografías o trabajos. Esta fórmula genérica, vacía de contenido, no demuestra que se valorara algo, pues no se valoró nada. En cuanto a las *monografías* dice la resolución: "*La Comisión ha de tener en cuenta de forma importante la vinculación editorial del solicitante con relación aquella fuente de publicación en su gran parte y práctica totalidad empleada, pese a las discrepancias del solicitante respecto de esta última afirmación*". Ahora no es que considere negativo que el no acreditado dirigiera una colección científica que en aquella época ya tenía 34 publicaciones (hoy 50), sino que era motivo para defenestrarle. Dirigir una colección pasó más tarde a ser valorado positivamente, pues dentro de los méritos específicos de evaluación de la Aneca se recoge la "Dirección de colección de libros en edi-

[66] Expediente en la Aneca:2018-000011P.

toriales de prestigio (SPI, CEA o equivalente"[67]. Todo esto se encontraba, como se indicó, en el expediente que obra en la Aneca. Por supuesto que la Comisión de Ética debió de intervenir, pero no lo hizo.

Cinco de las monografías presentadas por (S) ya habían sido valoradas positivamente por 15 especialistas. Era número suficiente para superar la prueba, pues se exigía cuatro y se presentaron nueve. Las cinco evaluadas eran dos tesis doctorales defendidas ante tribunales de la especialidad objeto de la acreditación -en una había cinco miembros y en la otra, tres-. Otra se trataba de su proyecto docente para obtener plaza de Profesor Titular que presentó ante un tribunal compuesto por cinco profesores de la especialidad. Otras dos se habían valorado positivamente por distintos especialistas en la concesión de sendos sexenios. Todo esto lo conocía la comisión. Daba igual, había que denegar la acreditación.

Evaluación de los evaluadores.- El no acreditado tenía más monografía de autor único que cada uno de los Catedráticos miembros de la comisión y publicadas, salvo en un caso, en más editoriales; esto a pesar de ser bastante más joven que todos ellos. Había estado más tiempo investigando en centros extranjeros que cada uno de los componentes de la Comisión. En el *Google Académico*, donde se recogen las citas que han recibido los trabajos de los investigadores por parte de otros autores, salvo en dos casos, que no se han podido verificar, el no acreditado había sido citado más que los miembros de la comisión. Por último, entre los 15 acreditados el mismo día que se le denegó a (S) y en los dos anteriores, salvo en un caso, éste había publicado más monografías como autor individual y publicadas en más editoriales que los otros catorce[68].

[67] La editorial donde se publica la colección (Dykinson), según la SPI, ocupaba el puesto 14 (de 273) en el ranking de las editoriales de ámbito nacional, según valoración de expertos españoles. También, teniendo en cuenta SPI, ocupaba el puesto 6 (de 61) en el ranking de editoriales de la materia objeto de la acreditación.

[68] Sesiones de las comisiones de1 de marzo, 5 de abril y 10 de mayo del año 2018.

Reclamación a la Comisión de Revisión del Consejo de Universidades.- Contra la resolución negativa el no acreditado elevó Reclamación, que dos años más tarde sería desestimada. La inseguridad era mayor, por ejemplo, la comisión de Ciencias Sociales y Jurídicas estaba compuesta por ocho Catedráticos que debían resolver sobre 48 materias diferentes. En el caso que nos ocupa no había ningún especialista de la materia sobre la que se recurría. Era una comisión que carecía de capacidad para hacer un informe técnico-científico que, por supuesto, no lo hizo, se limitó a una serie de generalidades y divagaciones como se recoge en el expediente que obra en la Comisión de Reclamaciones[69]. En realidad, por información que recibí, no se quién haría los informes, no parece que fuera un experto. Por cuestiones de espacio no merece la pena dedicarle más tiempo. El sistema de reclamaciones -que se mantiene-, no ofrece garantías.

3.3. *Periodo de desistimiento*. La Comisión siguiente parecía desfavorable para (S) por lo que esperó a que hubiera cambios en la misma, lo que tuvo lugar dos años más tarde.

3.4. *Acreditación en el año 2022*. En este intento, en el que sería acreditado, presentó 14 monografías (hoy tiene 18) y más de 80 artículos o capítulos de libro (hoy son un centenar) Había investigado en Estados Unidos, Inglaterra y Alemania durante casi tres años; es doctor en Derecho y Sociología; doctor honoris causa por dos universidades y profesor honorario por otras cinco de varios países de Latinoamérica; ha dirigido 18 tesis, ya leídas. Por supuesto que son datos generales y que la calidad científica de las obras puede tener distinto valor. No obstante, valga como referencia que algunas de sus monografías tienen varias ediciones, 29 entre todas ellas - una traducida al portugués- y el tratado del que es coautor ha llegado a la edición 16ª; de otra parte, dirige una colección que ya tiene publicados 50 volúmenes.

[69] Expediente en la Comisión de Reclamaciones del Consejo de Universidades: 2018-000011P.

VI. FRAUDES EN LA INVESTIGACIÓN: *LOS SEXENIOS* Y LA DEVALUACIÓN DE LA CIENCIA

1. Proceso

A los profesores universitarios se les reconoce un complemento de productividad por cada seis años de investigación efectiva: los denominados *sexenios*. Trato de esto porque, aunque ha variado su importancia, son relevantes en el nuevo sistema de acreditación a profesor de universidad en la parte correspondiente a la actividad investigadora. Ello sin olvidar la que tienen para ocupar ciertos cargos académicos, ser nombrado profesor emérito, y en el tema que nos ocupa para formar parte de las comisiones de acreditación. Hay quien señaló que la valoración por la Aneca en las acreditaciones fue un grave error, incluso "una perversión dramática para las universidades españolas y para la labor del CNEAI"[70].

En demasiadas ocasiones la concesión de los sexenios se ha basado en la cantidad de publicaciones, no en la calidad. Las concede el CNEAI (Comisión Nacional Evaluadora de la Actividad Investigadora). Que lo importante era la cantidad ha llevado a que muchas de las publicaciones presentadas fueran de escasa o nula calidad. Además, en las comisiones ha sido frecuente que no haya especialistas de la materia a evaluar. Ello ha ocasionado una variada picaresca. Además, como lo que aportaba el solicitante era la primera y última página de los trabajos no se valoraba su contenido. Así las cosas hay quien cambiaba el título de un artículo, modificando la primera y última página y lo publica en otra o más revistas; también hay quienes hacen refritos de uno o más de sus artículos[71]. La picaresca era conocida por algunos evaluadores, pero no se molestaban en descubrir los fraudes y proponer sanciones. Era como el "timo de la estampita". Se cometieron arbitrariedades, algunas in-

[70] MANGAS MARTÍN, A., "La evaluación en la investigación jurídica en España", en *El Cronista*, núm. 23, 2011.

[71] MANGAS MARTÍN, "Dispendio universitario en proyectos fantasmas", en diario *El Mundo* de 2-3-2010, p. 17.

confesables y el daño que se ha ocasionado a la Ciencia ha sido enorme. Por poner un ejemplo, aunque sea un caso excepcional, recogemos a continuación un supuesto concreto.

2. A un profesor se le concedió su primer sexenio por la publicación de 33 páginas, mientras que a otro se le exigieron 3.840 (116 veces más)

Al primero (R) por sus seis primero años en la Universidad. El segundo (S) -el mismo de los dos supuestos de acreditación denegada recogidos más arriba-, tras varios intentos, lo consiguió a los 18 años de haberse incorporado a la Universidad -15 como profesor Titular[72]. Sorprende que se pudiera conceder un sexenio con sólo haber publicado 33 páginas. ¿Qué se habrá hecho en la concesión de sexenios? De otra parte, teniendo en cuenta que se recibe una remuneración mensual, si los valoráramos en lo que se percibe en la actualidad, por esas pocas páginas (R) podría haber ingresado unos cincuenta mil euros, más de lo que cobra al año buen investigador científico. Cuántos cientos y cientos de investigadores podríamos tener con el dinero que se despilfarra en los muchos sexenios concedidos injustificadamente.

VII. En la universidad se publica mucho, pero se investiga poco: el saber ocupa lugar

En principio hay que indicar que esto no ha de entenderse con carácter general, pues hay muchas publicaciones de bue-

[72] El Profesor (R) se incorporó a la Universidad en 1983 y se le concede su primer sexenio por el periodo 1983-1988. Había publicado como autor único solo un artículo de 15 páginas (1984) y dos como coautor de 18 páginas cada uno (1986-1987). Sumando las 15 páginas de su artículo con la mitad de los otros dos en la que es coautor, resultan 33 páginas. De otra parte (S), que ingresó en la misma Universidad, en 1993, no consiguió su primer sexenio hasta el periodo 2006-2011. Hasta 2011 había publicado seis monografías como autor único (2276 páginas), de las que una había llegado a la sexta edición y traducida al portugués en Brasil, donde se utilizó como texto en alguna Universidad. Un tratado, con otro autor, que en su 16ª ed., en 2011, alcanzó 1221 páginas, (había participado como coautor en las siete últimas ediciones, en las anteriores como colaborador; le concedemos la mitad de las páginas, es decir, 610); coautor con otros dos en una obra de 244 páginas (le concedemos la tercera parte, 81); tenía publicados 25 artículos en revistas (523 p.) y 24 capítulos de libros (350 p.). En total había publicado 3840 páginas, 116 veces más que el profesor (R).

nos investigadores, pero sí que es grande la desproporción entre lo mucho que se publica y lo que es valioso. Nuestra producción científica puede deducirse del lugar que ocupan las universidades españolas en los rankings mundiales, que no son buenos, cuestión que se tratará más adelante.

1. El saber ocupa lugar

Decía nuestro premio Nobel científico, Ramón y Cajal: "Los libros inútiles, perturbadores de la atención, pesan y ocupan lugar tanto en nuestro cerebro como en los estantes de las bibliotecas, y deshacen o estorban la adaptación mental del asunto. *El saber ocupa lugar,* diga lo que quiera la sabiduría popular[73]".

2. Proyectos de investigación[74]

Hay proyectos de escaso o nulo contenido científico, pero se les concede especial importancia tanto para los sexenios como para la acreditación como profesor universitario. Parte de ellos carecen de una mínima calidad, como ocurre con los *sexenios:* lo importante era la cantidad no el contenido. Una evaluadora decía: "En pocas ocasiones (¿un 10 o 15%?), tras hacer la evaluación, me he encontrado con verdaderas propuesta de investigación. La mayoría de las solicitudes son de temas muy *trillados,* con decenas de monografías o artículos ya publicados"[75]. No obstante, hay que reconocer que también existen proyectos que se completan con un elevado nivel

---

[73] RAMÓN Y CAJAL, S., *Reglas y consejos sobre la investigación científica"* (1ª ed. 1897, 3ª, 1912). La Colección Austral hace una nueva edición, con un prólogo de Severo Ochoa, 16ª ed., año 2000, p.48.

[74] La LOSU se ocupa en su art. 13 del "desarrollo de proyectos para la investigación, creación , transformación e intercambio del conocimiento".

[75] MANGAS MARTÍN, A., "Dispendio universitario en proyectos fantasmas", cit., p. 17. Dice, además: "Se publica tanto en los últimos tiempos porque los sistema de evaluación de la Aneca y de los *anequistas* regionales son tan perversos, que de nuevo, solo les interesa la cantidad de tesis, el número de proyectos financiados y el número de publicaciones, no los contenidos ... incluso demostrando que es el mismo trabajo, sólo que con distinto título y párrafo de inicio -por si piden fotocopia de la primera página-, estaba incluido varias veces, valoran positivamente cada uno de ellos. Los profesores ya se saben la trampa, y un mismo trabajo lo publican varias veces con título distinto".

científico, así como otros de contenido político para satisfacer intereses de los gobernantes. Hay profesores, incluso que apenas han publicado algo relevante, que se encuentran incluidos en cinco o seis proyectos de investigación en curso. Otros presentan en sus currículum más de diez. La falta de calidad se puede comprobar simplemente con preguntar a algún editor conocido sobre el contenido de proyectos de investigación que reciben para su publicación, ya que en la subvención, a veces, se incluye el coste pare ser editados. Sufrirá desengaño, pues les indicarán que muchos son de escasa calidad. Algunos no se publican pues, por su falta de interés científico o carentes de toda utilidad, no aportan nada.

3. *Por favor, no intenten investigar*

Si el dinero que se despilfarra subvencionado trabajos o proyectos inútiles -que desvirtúan la realidad, confunden al lector, sean o no estudiantes- se destinara a los buenos investigadores de alguna manera se paliaría la escasez de recursos. Cuando un profesor carente de conocimientos y capacidad para investigar persista en hacerlo, hay que invitarle a que no lo haga, pues no hará más que crear confusión; en todo caso, no se le debe subvencionar.

VIII. Investigar en el extranjero es caro

En principio hay que tener cierta formación para poder investigar y normalmente estar aceptado por el centro donde se pretenda hacer investigación. Además de conocer idiomas -en el campo científico el inglés- desplazarse a otro país supone un coste importante. No es suficiente con que la Universidad mantenga los emolumentos cuando se trate de profesores funcionarios. Son pocas las universidades que dan un complemento. Normalmente los países de mayor nivel científico que el nuestro tienen un coste de vida más elevado. Un profesor casado tendrá dificultades para desplazarse con su familia durante un periodo largo. Sólo pueden permitirse estancias cortas, que muchos aprovechan en vacaciones. Por poner un ejemplo, hace años en una Universidad de Madrid, que en las salidas al extranjero para investigar durante un año sabático -se puede disfrutar cada seis-, además del sueldo se concedía una ayuda económica, de los casi doscientos que podían pedirlo solamente lo hicieron tres -no había gran interés por investigar. Poco después de autorizar la salida al extranjero el Rectorado eliminó la ayuda económica, pero los tres profesores realizaron su deseo. Sin embargo, al año siguiente nadie pidió salir al extranjero para aprovechar el año sabático en mejorar su nivel científico.

Frente a los muchos y buenos investigadores que visitan centros extranjeros, hay quienes en su currículum reducido, porque en uno completo no lo pueden justificar, dicen haber estado investigando en una Universidad extranjera, cuando no es cierto. Se presentan en un centro universitario, se identifican como profesores españoles y dicen que quieren investigar, especialmente en la biblioteca, a la que van unos pocos días o de forma esporádica; a veces alternando con las vacaciones. Con ello consiguen un papelito que justifica que estuvieron allí. Sobre esta cuestión también hay picaresca como vimos sucede con las publicaciones para conseguir sexenios.

IX. Marginación de la Ciencia por la Aneca en la selección del profesorado. Comisiones de acreditación

De esta cuestión ya me ocupé con mayor extensión en otros lugares, a los que me remito[76]. Cada vez era mayor la opacidad en el funcionamiento del sistema que recuerda *L`omertà*[77],

[76] Vid. mi obra, *Corrupción en la Universidad,* cit., pp. 81 y ss. "¿Qué estáis haciendo con la Universidad ?", en *Diario La Ley,* núm. 9910, de 10-9-2021.

[77] Dentro de los grupos *mafiosos* la *omertà* consiste en el silencio ante la justicia (1). Con relación a la Aneca hay que entenderla como su opacidad y falta de transparencia.

(1) CUELLO CALÓN, E., eminente penalista, *La mafia. Notas sobre la criminalidad en Sicilia,* Viuda de Rodríguez Serra, Madrid s/f, cuenta que fue a Bolonia en 1902 a elaborar su tesis doctoral, y la hizo sobre la *mafia,* en la que los españoles tuvieron algo que ver. La *omertà* consistía en negar todo tipo de confesión o colaboración con la justicia; el silencio. Dice que los orígenes de La Mafia se remontan a los abusos de los gobernantes españoles en los reinos de Nápoles y Sicilia (más tarde Dos Sicilias).

secretismo que dirían algunos[78]. El aspirante a ser acreditado no tenía ninguna participación directa en la tramitación del procedimiento. Dudosa fiabilidad en la selección de algunos miembros de las comisiones de acreditación y falta de capacidad en muchos supuestos, pues evaluaban en materias ajenas a su especialidad; algunos componentes de las comisiones no tenía el número de obras que se exigían a los aspirantes, es decir, no hubieran podido presentarse a la acreditación[79]. Todo era por escrito.

1. Evaluación por especialistas externos a la comisión de disciplinas distintas a la suya y negativa de alguno a evaluar

Antes de 2015 se pedía informe a dos expertos externos a la comisión[80] para unir al expediente. No eran vinculantes pese a que durante bastante tiempo hubo comisiones en las que no había ningún experto en materias que evaluaban. A veces el informe se pedía a expertos ajenos a la materia del solicitante.

Hubo un Catedrático de Filosofía del Derecho que se negó a informar sobre el currículum de un aspirante para ser habilitado en Derecho penal, para no ofenderle e incurrir en irresponsabilidad, devolviendo el expediente a la Aneca[81]. Escribía: "La asignación que he recibido sobre derecho penal ante todo entiendo que ofende a la persona solicitante. En caso de que acabara ante la justicia, el mismo o la misma podría con toda razón alegar y demostrar mi supina falta de competencia y mi completa irresponsabilidad de haber atendido la asignación de la Aneca, rendido así ante su reconocimiento de competencia de la que carezco". Han sido miles y miles las decisiones tomadas por comisiones de acreditación en las

[78] BLANCO VALDÉS, R.L., "La universidad española, barrendera de ilusiones" en *La universidad cercada. Testimonio de un naufragio,* Hernández J., Delgado-Gal, A, Pericay X. (eds), Barcelona, Anagrama, 2013, en p. 75 dice: "El nuevo sistema de selección del profesorado constituye un indiscutible paso atrás, en donde la burocratización y el secretismo han sustituido a la selección científica y a la publicidad". En el Informe de la Comisión de expertos cit., se recoge: "La opacidad del procedimiento hace imposible detectar toda posible relación entre juzgadores y candidatos".

[79] Vid. comisión de Ciencias Sociales y Jurídicas de los años 2017 y 2020.

[80] El Real Decreto 415/2015 elimina el requisito de los dos informes.

[81] OLLERO TASSARA, A, "Justicia envidiable", en Diario *ABC* de 9-9-2008, p.3.

que, entre sus componentes no había ningún experto sobre la disciplina sobre las que decidían. La situación ha sido más grave en las comisiones que resuelven sobre las reclamaciones presentadas por los no habilitados.

2. La acreditación nacional de cualquier especialidad en manos de un sólo profesor

Es inimaginable que una sola persona pueda decir, o tener notable influencia, durante años, sobre el futuro profesional de terceros -capacidad para ocupar un puesto de funcionario como Juez, Abogado del Estado, Inspector de Trabajo... Pues bien, la Aneca ha permitido, y permite ahora, que un miembro de cualquier comisión decida -o tenga gran influencia- varios años, sobre la acreditación de profesores de Cirugía, Mecánica... o de cualquier otra disciplina: Derecho, Ingeniería, Filosofía...es decir, influyen en el escalafón nacional. El nombramiento era por dos años prorrogables por otros dos, incluso podía continuar dos más si tras los periodos se le nombraba presidente por un tercero. Ahora son dos años, pudiendo prorrogarse a la mitad por otros dos, según el Real Decreto 678/2023 (art. 9.3) [82]. Ahora en algunas comisiones hay más de un especialista.

En principio no había en las comisiones especialistas de todas las materias, al final parece que los hay, pues en la nueva normativa se crean 30, antes eran 21. Lo normal era que la acreditación quedara en manos de una sola persona, el especialista -cuando lo había-, pues ¿qué otros miembros de las mismas se iban a oponer a lo que propusiera? Todos estarían en la misma situación, es decir, que se mantenga su criterio; por tanto, lo normal es que no hubiera oposición y, salvo casos muy sangrantes, aceptarían la propuesta del especialista (una especie de simple cambio de cromos).

Ya vimos que la opacidad de la Aneca (*omertà*) dificulta mucho conocer sus entresijos, aunque algunos de los que han

[82] Real Decreto 678/2023, de18 de julio, (BOE. núm. 213 del 6 de septiembre), por el que se regula la acreditación estatal para el acceso a los cuerpos docentes universitarios y el régimen de los concursos de acceso a plazas de dichos cuerpos".

formado parte de las comisiones cuentan muchas cosas. No obstante, no es necesario recurrir a ninguna investigación, todos conocemos a profesores que han llegado a ser Titulares o Catedráticos sin los méritos necesarios -algunos tuvieron más dificultades en terminar la Licenciatura o el Grado que en ser profesores. Demostrarlo es muy sencillo, basta con revisar sus currículum. Surge la pregunta: ¿Qué cosas se habrán hecho en la acreditación del profesorado? Si se quiere saber cómo ha funcionado la Aneca, en cuanto a la objetividad de las comisiones, es suficiente con sacar medio centenar de expedientes de diversas materias y que expertos independientes los revisen.

2.1. *Reflexión y propuesta*.- Cómo es posible que se permita que un sólo profesor prácticamente sea el que decida, o tenga gran influencia, sobre la acreditación de todos los profesores Titulares o Catedráticos de Universidad durante varios años en una disciplina concreta.

Aunque hacer alguna sugerencia no sirve para nada, se podía seguir otro más razonable que el actual. Las comisiones pedirían informe a varios expertos en la materia a evaluar, cinco o seis. Recibidos los mismos, con una puntuación numérica, se eliminaría la más elevada y la más baja, para evitar una posible amistad o enemistad con el aspirante. El especialista o especialistas de la comisión haría su evaluación, sumaría su puntuación con la del resto de expertos, sacaría la media y en base a la misma elevaría su propuesta a la comisión.

X. DEVALUACIÓN DEL DOCTORADO

Tal vez el acto más importante de la vida universitaria sea obtener el grado de Doctor, es el mayor título que se puede obtener en la Universidad y por el que se reconoce la capacidad investigadora. Era un acto académico solemne que se ha ido relajando. Los tribunales estaban compuestos por cinco Catedráticos especialistas en la materia objeto de la tesis. Por ese motivo ningún director de tesis se arriesgaba a presentar a lectura un trabajo que no ofreciera garantías; eso ha cambiado a peor. Después de la exposición realizada por el doctorando los miembros del tribunal solían ser muy incisivos en las observaciones que formulaban. Eso ha desaparecido, el artículo 21.5 del Real Decreto 1.393/2007[83] recogía con respecto al tribunal evaluador: "Todos los miembros deberán tener el título de doctor y experiencia investigadora acreditada". La legislación posterior se mantiene en esta línea[84]. De otra parte, desde hace varios años los componentes de los tribunales suelen ser solamente tres. Aquellas magníficas tesis que daban lugar a buenas publicaciones científicas han disminuido, aunque todavía hay un número notable. Se leen demasiadas, pues ha disminuido el rigor científico, lo que se justifica porque son muchas las que no se publican. Esto ha sido objeto de críticas[85] que, como otras muchas observaciones sobre el declive de la Universidad, han caído en saco roto.

Volviendo al sistema anterior al establecido por el indicado Real Decreto sobre los componentes de los tribunales para lectura de las tesis doctorales se aprecia una diferencia abismal: aquel era un sistema garantista compuesto por expertos en la materia sobre la que versaba la tesis. El Real Decreto 778/1998, -derogado en 2005[86]- que se ocupaba del doctorado,

---

[83] Real decreto 1.393/2007, de 29 de octubre (BOE núm 260, del 30), por el que establece la Ordenación de las Enseñanzas Universitarias Oficiales, deroga el Real Decreto 55/2005, de 21 de enero y el 56/2005, de 21 de enero.

[84] El Real Decreto 99/2011, de de 28 de enero (BOE núm. 35 del 10 de febrero), que regula las Enseñanzas Oficiales del Doctorado recoge en su art. 14.2: "La totalidad de los miembros que integrán el tribunal deberán estar en posesión del título de Doctor o Doctora y contar con experiencia investigadora acreditada. En todo caso, el tribunal estará formado por una mayoría de miembros externos al programa y a la universidad donde se defienda la tesis". El RD 576/2023, de 4 de julio (BOE núm. 170 del 18), modifica el RD 99/2011, y recoge en su art. 42.2 : "La totalidad de los miembros que integran el tribunal deberán estar en posesión del título de Doctora o Doctor y contar con experiencia investigadora acreditada. En todo caso, el tribunal estará formado por una mayoría de miembros externos al programa y a la universidad donde se lea la tesis".

[85] SOSA WAGNER, F., "De masteres, doctorado y universidades", en el diario *El Mundo*, del 15-9-2018, p. 17, además de otras críticas sobre "las tropelías que, al parecer han podido protagonizar algunos políticos" se lamenta de la dudosa capacidad que pueden tener algunos tribunales de tesis a los que sólo se les exige ser doctores con experiencia investigadora acreditada, sin mayores precisiones.

[86] Real Decreto 778/1998, de 30 de abril (BOE núm.104, de 1 de mayo), por el que se regula el tercer ciclo de estudios universitarios, la obtención y expedición del título de doctor y otros estudios de postgrado. Este Real Decreto fue derogado por el 56/2005, de 21 de enero, por el que se regulan los estudios universitarios oficiales de postgrado.

recogía en su artículo 9.1: "El Tribunal encargado de juzgar la tesis doctoral será designado por la Comisión de Doctorado, entre diez especialistas en la materia a que se refiere la tesis o en otra que guarde afinidad con la misma, propuestos por el Departamento correspondiente, oídos el Director de la tesis y los especialistas que dicha Comisión estime oportuno consultar. La propuesta del Departamento irá acompañada de un informe razonado sobre la idoneidad de cada uno de los miembros propuestos para constituir el Tribunal". Ahora, como hemos visto, se nombra, sin más, a doctores con experiencia investigadora acreditada. La degradación de las garantías del doctorado es patente, pero da igual, nadie protesta y los políticos hacen oídos sordos.

En alguna Universidad se permite que la tradicional tesis doctoral sea sustituida por un compendio de publicaciones: "conjunto de trabajos publicados y/o aceptados, justificados por su unidad temática, de acuerdo con una determinada estructura. El número de artículos publicados puede ser de 3 (al menos dos publicados y uno aceptado), en revistas de índices de impacto...; mínimo de 4 (al menos tres publicados y uno aceptado), en revista de índice de impacto..."

XI. Ataques a la libertad de cátedra

Se están perdiendo libertades en diversos sectores, también en la Universidad. En la prensa y otros medios de comunicación cada vez hay más autocensura ante la inseguridad de ciertas disposiciones legales y otras que se anuncian. En la Universidad ocurre lo mismo, sobre todo en explicar la realidad histórica y otros temas; incluso existe temor ante posibles represalias, y prueba de ello es que hay profesores que están suscribiendo un seguro de responsabilidad civil, incluso penal. A los políticos que someten su libertad a los dictados de su partido les digo que, cuando hayan de pronunciarse sobre cualquier reforma legal sobre esta cuestión -y otras-, recuerden lo que dice Cervantes en *don Quijote*: "La libertad, Sancho, es uno de los más preciosos dones que a los hombres dieron los cielos...por la libertad, así como por la honra, se puede, y debe aventurar la vida" (II, LVIII).

XII. Fagocitación de la Universidad

La Universidad se está autofagotizando -se está devaluando a sí misma desde dentro- con la ayuda de las desafortunadas reformas legales. La selección del profesorado es el que han querido los sucesivos Gobiernos de los últimos cuarenta años y la comunidad universitaria que lo ha aceptado o tolerado en su normativa interna -recordemos las protestas al Proyecto de Ley de la LOU que pretendía atajar la corrupción. Son muy pocos los que quieren cambios por lo que hay que perder toda esperanza de mejorar la situación actual. No cabe la menor duda de que hay magníficos docentes e investigadores, pero también otros que no están capacitados para enseñar o investigar, o ambas cosas. La Universidad seguirá viva y mejorando, pero los avances hubieran sido mayores de haber sido más rigurosos en la selección del profesorado. Esto repercute en la formación de los estudiantes con cara a su futura vida profesional, fuga de cerebros, valoración de las universidades y sus investigadores a nivel mundial, incluso el propio prestigio del país en el campo internacional que afecta a recibir estudiantes y científicos extranjeros. Todo ello sin contar con el elevadísimo coste económico que conlleva un deficiente desarrollo científico, pues afecta a patentes, importación de tecnología, mayores costes de producción en muchos sectores... y sobre todo a la calidad de enseñanza.

1. Devaluación del sistema de selección del profesorado por las universidades

La situación se agrava desde el momento en el que la legislación nacional delega en la las universidades la convocatoria de los concursos para cubrir plazas de profesores y la forma de realizarse[87]. Los Gobiernos debieron establecer unas

[87] LAMO DE ESPINOSA, E., "La Universidad española. Entre Bolonia y Berlín", en *La universidad cercada. Testimonio de un naufragio*, cit. al ocuparse de lo que se hizo mal, escribe: "Una universidad capturada por las comunidades autónomas.

normas generales, sin perjuicio de que las universidades incorporaran otras pruebas o exigir determinados requisitos en función de las materia. No es admisible que el concursante de casa y sus compañeros de Departamento puedan llegar a decidir quienes son los componentes -todos o parte- de las comisiones que han de resolver los concursos. Tampoco que no exista una prueba oral en la que el candidato, o candidatos, demuestren que conocen la disciplina.

La Universidad española es muy estática, pues casi se ofertan los mismos títulos en todas ellas, aunque en algunas reducidos por el volumen de estudiantes. Hay que buscar especialidades concretas de notable nivel científico. Parte de los que llegan a la Universidad carecen de la preparación suficiente para ingresar en la misma, de ahí que uno de cada tres no terminen sus estudios universitarios[88], lo que demuestra la deficiencia del sistema educativo español, como se pone de manifiesto en las duras críticas que ya se hicieron a la LOGSE[89].

Como consecuencia de la propia Constitución española, que transfiere la enseñanza a todos los niveles...como en otros sectores de la administración, las comunidades autónomas han fagotizado a la universidad".

[88] *Datos y Cifras del Sistema Universitario Español 2021-2022,* Ministerio de Universidades, en su tabla 5.4.1 recoge sobre el abandono y cambio del estudio de Grado: abandono el 33,2%; cambio, el 12,4). Universidades públicas, el 33,9 y el 13,1%, respectivamente; Universidades privadas el 29,8 y 8, 7 %.

[89] Por citar algún autor, ROBLES, F., *Los hijos de la LOGSE. Claves para entender y superar el fracaso educativo,* Almuzara, Córdoba, 2008. Se ocupa de apuntar los problemas que plantea la aplicaciòn del sistema establecido en la ley.

Capítulo 2
LEY ORGANICA DEL SISTEMA UNIVERSITARIO

La LOSU (Ley Orgánica del Sistema Universitario)[90] de 2023, que deroga la LOU de 2001, no resuelve ninguno de los problemas anteriores sobre la selección del profesorado. Como ha sido tradicional en casi todas las reformas, se suma al deterioro del sistema. Se ha dicho que es una ley que "no mejora la calidad" de las universidades[91]. La Conferencia de los Consejos Sociales de las Universidades españolas -en sus jornadas del año pasado-, dice que la LOSU "no responde a las necesidades actuales de la universidad española y no va a servir para resolver los problemas estructurales que vienen limitando su excelencia".

También se dicta un nuevo Real Decreto, el 678/2023, que regula la acreditación y concursos de acceso, derogando los anteriores de acreditación (1312/2007) y el de acceso a los cuerpos docentes universitarios (1313/2007).

I. No se corrigen los problemas en la selección del profesorado y se suman otros

1. No se exige en la nueva ley a quienes concursan al acceso a cuerpos docentes universitarios tengan que conocer el programa de la asignatura

[90] Ley Orgánica 2/2023, de 22 de marzo (BOE núm. 70, del 23), del Sistema Universitario

[91] SANMARTÍN, O., en el diario *El Mundo,* de 10-3-2023, pp. 2-3, bajo ese título recoge la opinión de un grupo de profesores, rectores y CCAA.

Recoge la ley en su artículo 71.1: "Las universidades, de acuerdo con lo que establezca su normativa interna , convocarán concursos para el acceso a plazas de cuerpos docentes universitarios que estén dotadas...En todo caso dichos concursos contemplaran las siguientes condiciones: a) La experiencia docente y la experiencia investigadora, incluyendo las transferencias e intercambio del conocimiento, tendrán una consideración análoga en el conjunto de los criterios de valoración de los méritos a considerar por las universidades. Las universidades podrán establecer en la convocatoria otros méritos a valorar" (este texto también se recoge en el art. 33.1 del Real Decreto 678/2023). Es decir, que siguen siendo las universidades las que deciden. En las últimas convocatorias no figura tener que conocer el programa de la asignatura[92]. En alguna se hace referencia a exponer un tema del programa, pero sin especificar que sea por sorteo[93], por lo que hay que entender que es de libre elección del concursante, lo que no garantiza que se conozca el programa de la asignatura. En la normativa de alguna Universidad, para adaptarla a lo que dispone el artículo 71 de la LOSU, en la la convoctoria y provisión de plazas se contempla que el concursante exponga un tema de su proyecto docente "elegido libremente por éste"[94].

[92] Vid., por ejemplo, convocatorias a plazas de cuerpos docentes, que se convocan de acuerdo con la LOSU y RD 678/2023. Universidad Complutense de Madrid (BOE núm. 165, de 9-7-2024); Universidad de las Illes Balears (BOE núm. 162, de 5-7-2024); Universidad Politécnica de Valencia (BOE núm. 164,de 8-7-2024); Universidad Autónoma de Barcelona (BOE núm. 141 de 11-6-2024): Universidad de Alicante (BOE núm. 64, de13-3-2024).

[93] En la plaza de la Complutense, cit. en nota anterior, para Profesor Titular, la Comisión valora el currículum, proyecto docente e investigador presentado. Sólo habrá una prueba pública que "consistirá en la exposición oral de un tema del área de conocimiento a las que se encuentre adscrita la plaza, durante un tiempo máximo de 60 minutos para cada candidato/a. La Comisión debatirá con este/a por un tiempo máximo de 120 minutos sobre el tema expuesto, así como sobre su *currículum vitae* y sobre su proyecto docente e investigador". No se dice que el tema será por sorteo, por lo que hay que entender que será a elección del concursante. Previamente la Comisión hace una valoración del *currículum vitae* presentado por los concursantes.

[94] La Universidad Carlos III de Madrid , en el BOE de 21 de mayo de 2024 publica la normativa por la que se regula la creación, convocatoria y provisión de plazas de los Cuerpos de Catedráticos/as de Universidad y Profesores/as Titulares de Universidad". El segundo ejercicio para Profesores Titulares, "consistirá en la presentación, durante un tiempo máximo de cuarenta y cinco minutos, de un tema

2. *Mantiene la endogamia*

La LOSU prácticamente viene a dejar como estaba la elección de los miembros de las comisiones que han de resolver los concursos de acceso al profesorado, pues que parte de la misma sea por sorteo varía poco la situación, la mejora será mínima. El legislador reconoce que el sistema existente no era objetivo, pero no se atreve a cambiarlo, pues se limita a realizar una modificación que prácticamente deja las cosas como estaban. Recoge la ley en su artículo 71.1. b): "Las comisiones de selección estarán integradas por una mayoría de miembros externos a la universidad convocante elegidos por sorteo público entre el conjunto de profesores y personal investigador de igual o superior categoría a la plaza convocada. Dicho sorteo se realizará a partir de una lista cualificada de profesorado y personal investigador elaborado por la universidad, en los términos en los que se desarrolle en su normativa interna" (este texto se reproduce en el art. 32 del Real Decreto 678/2023). No se dice cuál ha de ser el número de los que han de integrar la lista. Esta puede ser reducida y nombrar a profesores afines, por lo que la situación sigue prácticamente igual. En todo caso permite eliminar a los enemigos y a los que puedan ser difícilmente influenciables. Tampoco se especifica cómo ha de ser la lista "cualificada", que según el Diccionario de la RAE es "calificado de autoridad, mérito y respeto. De buena calidad o de buenas cualidades". Antes los componentes de las comisiones eran cinco, ahora hay universidades que los reducen a tres[95].

Que no se ha querido resolver el problema de la endogamia es claro, pese a ser una cuestión muy criticada desde diversos sectores. La designación de todos los miembros de las comisiones deberian ser por sorteo. En el peor de los casos la ley debió limitarse a lo que recoge la primera parte del texto: "Elegidos por sorteo público entre el conjunto del profesora-

presentado por la persona candidata en el proyecto docente, elegido libremente por éste..." No figura para los Catedráticos.

[95] En la Universidad Complutense de Madrid se han convocado plazas con comisiones de tres miembros: Presidente, vocal y secretario; Autónoma de Barcelona, Illes Baleares. Con cinco, Alicante y Politécnica de Valencia. Vid. nota 92.

do y personal..." eliminando la segunda parte: "Dicho sorteo se realizará a partir de una lista..." Además, de los sorteos debe excluirse a los profesores de la universidad que convoca la plaza. La LRU (1983) era más objetiva, pues de los cinco miembros de las comisiones dos los elegía la universidad convocante de la plaza y los otros tres por sorteo entre todos los profesores de la disciplina.

Recapitulación.- Que la Universidad convocante de una plaza pueda elegir a dos de los miembros de la comisión -cuando la compongan cinco- ya está defendiendo la endogamia (hay que tener en cuenta que las universidades normalmente convocan plazas cuando tienen un aspirante de la misma). Sólo se necesita un miembro favorable más para tener mayoría y asegurar la plaza al de casa. Ahora es cuestión de confeccionar listados para asegurarse en el sorteo al menos otro profesor dispuesto a votar al concursante de la Universidad. En general los listados serán breves. De otra parte, salvo algunas excepciones, la situación seguirá siendo la misma: sólo se presentará el de casa, aunque habrá alguna excepción. Es poco probable que lo haga otro de fuera, pues lo normal es que piense -con mucha razón- que el tribunal es favorablea al candidato de la Universidad. Por tanto, la situación sigue prácticamente igual, pues los efectos en la lucha contra la endogamia serán mínimos. No se ha querido atajar el problema, se ha preferido mantener la arbitrariedad y corrupción a enfrentarse a las protestas de profesores y universidades partidarias de la endogamia.

3. *Disminución del esfuerzo científico en algunos supuestos*

Hay un cambio importante en el sistema de acreditación. En algunos supuestos se exige menor número de publicaciones que antes, lo que llevará a que disminuya la producción científica a nivel nacional. Para presentarse a la acreditación, y posteriormente poder participar a los concursos de acceso al profesorado, antes de la LOSU en diversas materias se llegaba a exigir un mínimo importante de publicaciones de calidad, que ahora se reduce a "un currículum breve, que incluirá, una exposición y justificación de un número reducido de contribuciones relevantes con una explicación narrativa sobre su calidad y relevancia" (art. 21.1 del RD 678/2023). Por poner un ejemplo, para la acreditación como Catedrático en Ciencias Sociales y Jurídicas (ahora comisiones diferentes: Ciencias Sociales y Derecho) se llegó a exigir entre los méritos obligatorios: en Derecho, "reunir al menos 6 monografías, 20 capítulos de libro y 20 artículos"[96] (la falta de monografías a veces se podía compensar en la valoración de otras aportaciones, cuestión difícil de entender); en Ciencias del Comportamiento, "un mínimo de 60 artículos en revistas indexadas"; en Ciencias Sociales "un mínimo de 50 publicaciones".

En las solicitudes presentadas desde el uno de abril de 2024 en el caso de Catedráticos de Universidad, según los Criterios de la Aneca de evaluación...para obtener la acreditación, en el punto 1.2 dice: "podrá aportarse un máximo de 20 contribuciones, de las que al menos 15 tiene que aportarse en el apartado 1.2.1" (actividad investigadora)[97]. No se exige ningún libro. Hay que hacer referencia a que casi la mitad de los juristas componentes de las comisiones en Ciencias Sociales y Jurídicas no habían publicado seis libros, situación que se da en los miembros de las dos comisiones actuales de Derecho. Entre los últimos veinte acreditados para Catedráticos en esta materia a finales de 2023, sólo uno de cada cuatro había publicado seis libros.

Si consideramos que cada uno de los seis libros que anteriormente había que presentar para la acreditación de Catedrático equivalen a siete u ocho artículos, resulta que ahora se exige a los solicitantes de acreditación una producción científica de unas cuatro veces menos que antes. También se exige menos para los Titulares. Sin duda que esto llevará a que disminuya la producción científica en la Universidad. Este menor esfuerzo científico que devalúa la figura del Catedrático -y de los Titulares-, incrementará notablemente el número de

[96] Vid. normas del año 2020 publicadas por la Aneca.

[97] Vid. Criterios de evaluación y requisitos mínimos de referencia de los méritos y competencias publicados por la Aneca de acuerdo con lo establecido por el Real Decreto 678/2023, de 18 de julio.

acreditados, creándose una bolsa excesiva de aspirantes que, por falta de plazas, tardarán mucho tiempo en acceder a Catedráticos o Titulares, si es que lo consiguen. Esta situación creará muchas tensiones en las universidades, especialmente por el reparto en la creación de cátedras y titularidades. Si en los concursos todos los miembros de la comisión que han de juzgarlos fueran elegidos por sorteo y, además, hubiera una prueba oral para demostrar que se conoce la disciplina, no pocas veces las universidades -cuando tienen un candidato de casa- se pensarían muy mucho convocar concursos ante el riesgo de que la plaza la consiguiera uno de fuera.

4. *Politización y control de la Universidad*

4.1. La politización de la Universidad siempre ha existido, pero desde la LRU de 1983 se pretende, además, controlarla. El legislador de esa época descabezó los escalafones del profesorado por razones políticas. Se bajó la edad de jubilación de los setenta a los sesenta y cinco años[98], dejando un grave vacío en la Universidad. Eran profesores que ingresaron en duras oposiciones de seis ejercicios, pero que su vida profesional coincidió en el periodo del régimen político anterior. Pocos años después, una vez cumplida la finalidad política de la reforma, se vuelve a la jubilación a los setenta años[99].

Dentro de la politización de la Universidad[100] en el año1984 la LRU anunció pruebas de *idoneidad* para acceder a la categoría de Profesores Titulares de Universidad en las que podrían participar profesores que acreditaran cinco años de docencia o investigación y ser doctores[101]. No se exigía realizar ningún

[98] Ley 30/1984, de 2 de agosto (BOE núm. 185 del 3), de medidas para la reforma de la función pública, art. 33.

[99] La Ley 27/1994, de 29 de septiembre (BOE núm. 234 del 30), de modificación de la edad de jubilación de los Funcionarios de los Cuerpos Docentes Universitarios, disponía en su artículo único: "Los funcionarios de los Cuerpos Docente Universitarios se jubilarán forzosamente a los setenta años..."

[100] Vid. notas 45-46.

[101] Se anuncia la convocatoria de estas plazas en la disposición transitoria novena de la LRU.

tipo de pruebas[102]. Un correligionario del partido político convocante que superó la idoneidad terminaría siendo Ministro de Educación[103]. Las comisiones las formaban cuatro Catedráticos y tres Titulares de cada área de conocimiento. El Consejo de Universidades nombraba al presidente y secretario, los cinco restantes por sorteo. No había límite en cuanto a las propuestas que pudieran hacer las comisiones, lo que llevó consigo que muchos departamentos quedaran colapsados. No hubo exámenes presenciales o de otro tipo. Se resolvía en base a los méritos presentados: trabajos de investigación, actividad docente, títulos, diplomas y antigüedad. Los aprobados fueron unos cinco mil. Casi todos Titulares de Universidad[104], pues hubo algunos de Escuela Universitaria. La convocatoria fue muy criticada[105].

4.2. *Presumible control político de la selección del profesorado*. La politización de la Universidad es significativa tanto entre los profesores como entre los estudiantes. Los que gobiernan, algunos ayunos de estudios universitarios y más de experiencia docente, parece que pretenden controlar la Universidad facilitando la selección de profesores correligionarios. En este sentido puede interpretarse la de elegir a la mitad de los miembros de las comisiones de acreditación.

4.3. *Nuevo sistema de elección de los miembros de las comisiones de acreditación del profesorado universitario*: *El 50% por sorteo y el otro 50% por la Aneca en libre designación*. Tras la aprobación de la LOSU el Real Decreto 678/2023[106] modifi-

[102] La Orden de 7 de febrero de 1984 (BOE núm. 40 el 16), convoca las pruebas de idoneidad y condiciones.

[103] Se trata de A.P.R. Vid. BOE núm. 232, de 27-7-1984, p. 28.014.

[104] Pasaron a profesores Titulares de Universidad: En Química Inorgánica, 79; Cirugía, 78; Química Orgánica, 74; Biología Animal, 67; Historia del Arte, 53. Se recogen en los BOE núm. 232 y 235 de 1984.

[105] OLLERO TASSARA, A., *Qué hemos hecho con la Universidad, Cinco lustros de política educativa*, Pamplona, Thomson-Aranzadi, 2007, en p. 186 y ss., bajo el epígrafe "Las idoneidades: diseño para un genocidio dice: que el problema de los *pennes* era casi exclusivo de Madrid, aunque en la mayoría de las universidades fue provocado por el Ministerio sin necesidad alguna". En p.191: "¿ Cuántos ´ídeonizables´ no se habían presentado a oposición alguna, aun habiendo firmado la convocatoria?... los más diversos sectores del profesorado han expresado su incómodo".

[106] Real Decreto 678/2023, de 18 de julio (BOE núm.213 del 6 de septiembre), por el que se regula la acreditación estatal para el acceso a los cuerpos docentes universitarios y el régimen de los concursos de acceso a plazas de dichos cuerpos.

ca el sistema anterior, que deroga. Antes, los miembros de las comisiones los seleccionaban la Aneca y el Consejo de Universidades, mediante un sorteo inicial entre profesores que reunían determinados requisitos, aunque había un reajuste posterior. Estaban compuestas por Catedráticos de Universidad y en menor proporción por Titulares, pues resolvían sobre la acreditación de estas dos categorías de profesores. En la nueva normativa el Consejo elige por sorteo a la mitad, y la Aneca discrecionalmente a la otra mitad, lo que planta diversas cuestiones de las que me ocupo a continuación. El nombramiento es por dos años pudiendo renovarse por otro dos.

4.3.1. Para realizar la selección del 50 por ciento de los miembros: "ANECA llevará a cabo una consulta previa no vinculante a actores relevante para recabar sus sugerencias". Así se recoge en el artículo 8.2. del Real Decreto de referencia.

Sugerencias y prestigio.- El término "sugerencias" es difícil de entender. De otra parte, en el párrafo quinto del apartado II de la introducción del indicado Real Decreto, para justificar la selección en dos mitades, dice: "Con este sistema se pretende, de una parte, facilitar la selección de académicos y académicas de prestigio y, por otra, que los miembros resultantes del sorteo sean realmente representativos de la comunidad universitaria". Aunque lo que cuenta es el articulado del texto y no la intención del legislador recogida en la introducción, sí crea una falta de conexión. El "prestigio" plantearía varias cuestiones: ¿No se consideran habilitados para evaluar quienes no sean profesores de prestigio? ¿A qué materias habría que incorporar a los profesores de prestigio? ¿Qué criterios hay que tener en cuenta para considerar que un profesor tiene prestigio? Este sistema pone en tela de juicio la objetividad e imparcialidad en la selección a base de sugerencias. No obstante, esto no quiere decir que quien acepte ser nombrado miembro de una comisión, aunque sea bajo ciertas insinuaciones sobre su comportamiento, no sea un profesor que a la hora de pronunciarse sea objetivo e imparcial.

Sugerencia.- Según el Diccionario de la RAE, sugerencia es "insinuación, inspiración, idea que se sugiere".

L`omertà.-Ya se hizo referencia a la opacidad de la Aneca, denunciada por muchos autores. Con la selección de miembros de las comisiones de acreditación en base a *sugerencias* la *omertà* se hace más patente.

4.3.2. Composición de las últimas comisiones de acreditación.- El número de miembros Titulares de libre designación de las 30 comisiones supera a los de sorteo[107]. No son mitad y mitad, la Aneca explica las razones por las que se produce esta diferencia. De las 30 comisiones en 16 son más los miembros de libre designación que por sorteo; en 10 son menos, y en 4 igual. En total de Titulares son: 171 por sorteo y 208 de libre designación. Hay suplentes, todos por sorteo.

4.3.3. Composición de los miembros de las Comisiones de Revisión.-. Recoge el artículo 25.4 del Real Decreto 678/2023: "ANECA constituirá 5 comisiones de revisión para examinar las reclamaciones remitidas por la Comisión de Reclamaciones del Consejo de Universidades... Los miembros de las comisiones... Todos ellos serán designados por la persona titular de la dirección de ANECA". Esta forma de selección puede llevar a nombramientos por intereses políticos. Al menos se podía haber seguido el sistema establecido para las comisiones de acreditación. Sobre estas comisiones se volverá más adelante.

5. *Lenguas oficiales*

Aquí también juegan cuestiones políticas. En la ley se hace referencia en varias ocasiones a las lenguas oficiales: "protección de las lenguas oficiales" (art. 22. e); "promoverán, asimismo, la investigación, la transferencia e intercambio del conocimiento de las lenguas oficiales de sus territorios" (art.11.5); "Universidad y diversidad lingüistica" (art. 20); en cuanto a la movilidad internacional de la comunidad universitaria: "la inclusión de las lenguas oficiales del Estado español" (art.27.2); respecto a la financiación: "la pluralidad lingüística de los

[107] Vid. Comisiones de Acreditación constituidas el 29-12-2023 publicadas por la Aneca.

programas, incluyendo la promoción de las lenguas oficiales propias de las Comunidades Autónomas" (art. 56.3.b).

El tema de las lenguas es una cuestión muy debatida desde muchos sectores, por lo que no voy a entrar en ello[108]. Sin embargo, si quiero hacer referencia a sus efectos en la ciencia. A este respecto un prestigioso investigador catalán (M.V.), Catedrático en una Universidad de Barcelona, en relación a que se pretenda catalanizar la ciencia, en una entrevista se recoge: "El mundo de la investigación es un mundo sin fronteras en el que, básicamente, se habla en inglés. No se pueden poner puertas al campo...a mi modo de ver estas normativas tendrán (o quizás estén teniéndolas ya) un efecto devastador... La ciencia es el eje del progreso. Con estas normas del Govern se frena la llegada de estudiantes de master y de investigadores de excelencia"[109].

5.1. *Hay etnias en África en* las *que se defiende mejor el idioma español que en algunas Comunidades Autónomas españolas*.- Me refiero a Guinea Ecuatorial, antigua colonía española. Se habla un buen español, conservando las lenguas nacionales. Respetan la Constitución -como no se hace en España-, pues su artículo 4.1 recoge: "La lengua oficial de la República de Guinea Ecuatorial es el Español... Se reconoce las lenguas nacionales como integrantes de la cultura e identidad nacional". Aquí hay que hacer referencia a lo que recoge el atículo 3.3. de la Constitución Española: "La riqueza de las distintas modalidades lingüísticas de España es un patrimonio cultu-

---

[108] Según un informe elaborado por David FERNÁNDEZ VITORES, dirigido y coordinado por la Dirección Académica del Instituto Cervantes, en el año 2023 "casi 500 millones de personas tienen el español como lengua materna (el 6,2% de la población mundial) ... y 600 millones de usuarios potenciales. El 7,5 % de la población mundial puede comunicarse actualmente en español, con distinto grado de competencia...76 millones son europeos...Más de 62,5 millones de estadounidenses, el 18, 9% de la población total del país son hispanos; el 67,6% utilizan el español en el ámbito familiar...Es la tercera lengua más utilizada en la red, después del inglés y el chino...El 57 % de la producción científica del ámbito hispanohablante se realiza actualmente en español y España se sitúa como líder indiscutible... El 4,4% de la produción científica mundial tiene su origen en algún país de habla hispana... Mas de 23 millones de alumnos estudian español como lengua extranjera en 111 países".

[109] ARMORA,E., en un artículo que figura bajo el título "El catalán frena la llegada de talento a la ciencia", publicado en el diario *El Mundo* de 18-5-2024, recoge una entrevista con un Catedrático de Microbiología de la Universidad de Barcelona.

ral que será objeto de especial respeto y protección"¿Quienes aplican mejor su Constitución? Se incorporaron el francés y el portugués. Aproximadamenete cinco de cada seis guineanos hacen uso del español que, por otra parte, es el idioma oficial en casi toda la enseñanza.

Los padres guineanos tienen claro que sus hijos tendrán mejor futuro, dentro y fuera del país, conociendo el español; también lo tienen claro los políticos. Los guineanos sí que saben, no como muchos españoles que deberían seguir su ejemplo.

6. *Devaluación de la figura del Rector y del Catedrático*

Dentro de la politización de la Universidad se degrada al Catedrático, ya que el Rector/a de las universidades puede ser cualquier profesor que tenga unos requisitos reducidos; ni siquiera tiene que ser profesor funcionario. ¿Nos imaginamos una División del Ejército mandada por un teniente o un complejo hospitalario dirigido por cualquier graduado en Medicina? Situaciones tan absurdas si suelen darse en la política, y así nos va.

El artículo 51 de la LOSU que se ocupa de la Elección de Rector o Rectara, recoge en su apartado 1: "Los candidatos o candidatas deberán ser personal docente e investigador permanente doctor a tiempo completo y reunir los méritos de investigación, docente y experiencia de gestión universitaria que determinen los Estatutos".

6.1. Devaluación de la figura del Catedrático.- Tanto el prestigio institucional y social de la Universidad, como el de la figura del Catedrático, se ha ido diluyendo. Ya se apuntó como los exámenes para ser Catedrático eran un acontecimiento en el mundo universitario. El que conseguía una plaza era conocido en todas las universidades. Ahora, los exámenes apenas trascienden dentro de la Facultad o Escuela donde se celebran las pruebas. Hay nuevos Catedráticos cuyo ascenso tarda en conocerse bastante tiempo por todos los profesores de su propia facultad. Con relativa frecuencia los estudiantes desconocen la categoría del profesor que les imparte la asignatura.

De otra parte, no hay distinción entre las funciones de los Catedráticos y profesores Titulares. Antes sólo los Catedráticos podían ser Rectores, ahora también lo pueden ser los Titulares y otros de menor categoría académica.

Unamuno, que fue rector en la Universidad de Salamanca en varios periodos -con unos y con otros-, hoy no podría serlo.

7. *Deficientes garantías en las reclamaciones de los aspirantes a los que se les deniega la acreditación*

Con la nueva ley y su legislación complementaria la situación no cambia. El artículo 25.1 del Real Decreto 678/2023 dice que contra las resoluciones negativas de acreditación "las personas solicitantes podrán presentar... una reclamación ante el Consejo de Universidades que, será valorada y, en su caso, admitida a trámite y resuelta por la Comisión de Reclamaciones..." Por qué hay que considerar que este procedimiento no ofrece plenas garantías: 1. en el apartado 4 del indicado artículo 25 se dice que los miembros de esas comisiones "serán designados por la persona titular de la dirección de la ANECA", lo que no garantiza la objetividad de un sorteo. 2. Se nombra un número reducido de comisiones, sólo cinco, frente a las 30 de acreditación, por lo que no hay especialistas de todas las materias. De todo ello se desprende la falta de seguridad del procedimiento. Se produce el fenómeno inverso a todo el sistema legal donde cualquier reclamación o recurso se suele resolver por un órgano superior más técnico.

II. ¿Están los profesores de la Universidad capacitados para enseñar e investigar?

La función principal de la Universidad es la de enseñar, sin olvidar la investigación y la formación profesional.- Sobre esta cuestión ya se pronunciaba Ortega y Gasset[110]. La docencia es muy importante, pues transmite a los estudiantes el conoci-

[110] ORTEGA Y GASSET, J., *Misión de la Universidad*, Madrid, Revista de Occidente, 1930, dedica el cap.IV a lo que la Universidad tiene que ser: la enseñanza, la profesión y la ciencia. Vid.un comentario a esta obra en LLEDÓ, E., *Sobre la educación*, Barcelona,Taurus, 2018, pp. 131 y ss.

miento que redundará en su formación profesional. La ciencia también lo es, pero en una ponderación entre ambas dentro de la Universidad debe prevalecer la docencia. El profesor no puede desentenderse de la función de enseñar por dedicar su tiempo a la investigación. Tiene que saber compaginar ambas, pues en realidad están unidas. Si además de conocer la materia, investiga, la trasmisión de conocimientos será más completa. Incluso puede ser positivo compaginar el ejercicio profesional y la investigación[111]. De otra parte, es importante no sólo saber, sino saber transmitir los conocimientos, es decir, ser un buen docente. Llevadas estas cuestiones a nuestro sistema puede surgir la pregunta de si parte de nuestro profesorado universitario cumple con la premisa más importante: conocer la asignatura, que es fundamental para la docencia.

Esta cuestión se plantea como consecuencia de todo lo debatido anteriormente respecto a que desde la LRU (1983) para el acceso al profesorado desde entonces no se exigía conocer la materia que se va a explicar, aunque en algún caso si se hizo. No obstante, hubo una excepción especial entre 2002 y 2007, donde se exigía conocer el programa de la asignatura de la antigua habilitación, como se expuso más arriba, pero no para el acceso al profesorado[112]. La LOU (2001) tampoco exigió a los concursantes conocer el programa. Dejó en manos de las universidades al convocar plazas; alguna lo exigió, también ahora, en alguna convocatoria reciente[113]. Es cierto que a muchos profesores de los que están en activo no se les exigió conocer la disciplina, pero esto no quiere decir que no la conocieran. No obstante, cabe deducir que de haberse realizado en los concursos de acceso una prueba oral sobre el conocimiento de la asignatura que se va a impartir a los estu-

[111] RAMÓN Y CAJAL, en ob. cit., p. 111 escribía: "*Compatibilidad entre el ejercicio profesional y la labor investigadora.*- Poco hay que esforzarse en demostrar que, lejos de excluirse ambas tareas, se completan e iluminan mutuamente".

[112] Ya se indicó que hubo un periodo entre el Real Decreto 774/2002, que regulaba el sistema de habilitación y posterior concurso de acceso a los cuerpos docentes, y el Real Decreto 1.312/2007, de 5 de julio, que en la fase de habilitación se exigía conocer la asignatura (vid.supra apartado IV de este trabajo).También hubo algunas Universidades que lo exigían en los concurso de acceso a Profesor Titular.

[113] Vid. nota 143.

diantes las garantías de éxito serían mayores. Ya se indicó por qué no se ha exigido a los concursantes a los cuerpos docentes universitarios conocer la asignatura.

Con carácter general no podemos decir que hay profesores universitarios que no están preparados para ser buenos docentes. Hay que entender que la mayoría están capacitados, aunque también hay otros que no lo están. En estos casos los alumnos tienen el riesgo de que una deficiente o incluso desviada enseñanza les perjudique; por tanto, sería preferible que no asistieran a clase -mejor que el profesor no las impartiera-, pues aprenderían más y mejor estudiando por su cuenta fuera de las aulas. En todo caso los estudiantes tienen que completar su formación con trabajo complementario realizado fuera de la Universidad.

El profesor que no conoce su materia, al menos de forma aceptable, no puede cumplir con su función docente simplemente con preparar cada día la lección que va a explicar -mejor o peor o para salir del paso-, pues suele haber relación y conexiones con otros temas de la asignatura. Para quienes tengan interés por esta cuestión les sugiero que asistan en la Universidad a algunas clases presenciales, pidiendo permiso al profesor, y saquen sus conclusiones. Yo lo hice y observé que en bastantes casos las clases impartidas eran mejorables. El profesor debe tener una formación global de su materia, auque luego pueda especializarse en temas concretos.En cuanto a la capacidad investigadora es difícil de valorar, pues hay grandes investigadores junto a otros que, como se indicó, es mejor que no traten de investigar. Puede tomarse como referencia la posición de nuestras universidades en los rankings mundiales. En cuanto a la investigación hay que aportar algo, decía Ramón y Cajal: "Nada más ridículo que la pretensión de escribir sin poder aportar a la cuestión ningún positivo esclarecimiento, sin otro estímulo que lucir imaginación calenturienta, o hacer gala de erudición pedantesca con datos tomados de segunda o tercera mano"[114].

[114] RAMÓN Y CAJAL, ob. cit., p.136.

La docencia y la investigación que, como se ha dicho están unidas, es una cuestión muy debatida, y con muchos matices en la relación entre el docente y el investigador. También ofrece especial interés la "reivindicación del profesor universitario frente al investigador puro"[115].

[115] SERRANO MAÍLLO, A., *Confianza y firmeza frente al delito. Un análisis de su asociación en la teoría comunitaria*, Madrid, Dykinson, 2023, en pp. 24 y ss. se ocupa de esta cuestión.

Capítulo 3
LAS UNIVERSIDADES ESPAÑOLAS EN EL CAMPO INTERNACIONAL

I. Rankings

Nuestras universidades han mejorado en los últimos cuarenta años. Sin embargo, su desarrollo hubiera sido mayor de haberse cuidado la selección del profesorado. De ahí que en los rankings internacionales de evaluación estemos por debajo del lugar que nos correspondería. Sin embargo, más importante que el ranking general es el de las Facultades o Escuelas. Por ejemplo, mientras la Universidad Complutense de Madrid se encuentra entre los puestos 301 al 400 en el ranking general, su Facultad de Veterinaria está en el grupo de las cincuenta mejores.

La forma de elaborar los rankings es compleja y difícil[116]. La que se considera más completa es la clasificación Shanghai, también conocida por ARWU. Tiene en cuenta varios factores[117]. Nuestras universidades nunca han estado bien situadas en el ranking mundial. En principio cabe decir

[116] DOCAMPO AMOEDO, D., "Los rankings académicos como herramienta de benchmarking institucional" (PDF), 2001. Hace un estudio sobre las dificultades de manejar y evaluar la ingente producción científica para elaborar las rankings.

[117] Galardonados con premio Nobel o la medalla Fields (10/20%). Investigadores altamente citados en 21 temas generales (20%). Número de artículos publicados en las revistas científicas Science y Nature (20%). Número de trabajos académicos registrados en los índices del Science Citation Index y Social Science Citation Index (20%). "Producción per capita", es decir, la puntuación de todos los indicadores anteriores dividida entre el número de académicos a tiempo completo (10%).

que si España es la cuarta economía de Europa figura en el puesto 12 en cuanto a la valoración de sus Universidades[118]. El orden es: Reino Unido, Suecia, Alemania, Francia, Suiza, Países Bajos, Bélgica, Dinamarca, Finlandia, Noruega, Italia y España. A nivel mundial ocupa el puesto 25.

En los rankings a nivel mundial las universidades españolas han tenido un leve descenso en los últimos años. En el de 2016 teníamos 12 universidades entre las 500 mejores[119] ; en el año 2023, bajan a 10. La situación indica que no se mejora. En el ranking mundial de año 2024[120] la situación de las universidades españolas según el orden en que aparecen es: una entre los puestos 151 al 200 (Universidad de Barcelona); otra entre el 201 al 300 (Universidad de Valencia); en el tramo 301 al 400 son seis (Autónoma de Barcelona, Autónoma de Madrid, Complutense, Pompeu Fabra, Granada y País Vasco); entre el 401 al 500, dos (Politécnica de Valencia y Sevilla); del 501 al 600, seis[121]; del 601 al 700, cuatro[122]; del 701 al 800, seis[123]; 801 al 900, cuatro[124]; del 901 al 1000, seis[125]. En total son 36 universidades clasificadas entre las 1000 mejores del mundo. En el año 2023 eran 38.

Es frecuente que las universidades varíen de posición de un año para otro, a veces suben o bajan más de cincuenta puestos, incluso cien. La posición entre los años 2015 y 2016 era: Granada, en el año 2015 ocupaba el puesto 341 y en 2016 pasa al 247; Valencia, del 316 al 415; Rovira i Virgili del 567 al 497. En el año 2023, en relación con 2022, la Universidad del País Vasco pasa de la franja 301-400 a la de 401-500; la

[118] Fuente: ShanghaiRankings`s Academic Ranking of World Universities 2024 Press Release.

[119] DOCAMPO AMOEDO, "Análisis de las universidades españolas en el ranking de Shanghai (ARWU) en los cinco rankings sectoriales por el ámbito científico. ARWU-Fields, en la edición 2016" (PDF, 2016).

[120] Fuente: https://www.shanghairanking.com/ranking/arwu/2024.

[121] Puestos 501-600: La Laguna, Murcia,Navarra, Salamanca, Santiago y Zaragoza.

[122] Puestos 601-700: Politécnica de Madrid, Jaime I, Alicante e Islas Baleares.

[123] Puestos 701-800: Lérida, Alcalá, Castilla La Mancha , Extremadura, Málaga y Rovira i Virgili.

[124] Puestos 801-900: Politécnica de Cataluña, Gerona, Oviedo y Vigo.

[125] Puestos 901-100: Carlos III, Cádiz, Cantabria, Córdoba, Jaén y Valladolid.

Autónoma de Barcelona de la franja 201-300 a la de 301-400 en el ranking de la Universidades españolas. En el año 2024 mejora la Universidad de Barelona que pasa al grupo de las 200 mejores, mientras que Granada baja del grupo 201-300 al siguiente (301-400).

Lo anterior no quiere decir que nuestras universidades no vengan mejorando, que si lo hacen, sino que los avances debían de ser mayores y ocupar puestos más elevados en los rankings. A este respecto Docampo Amoedo, tras hacer un estudio sobre los rankings, en el que tiene en cuenta a España, dice: "El sistema universitario español ha conseguido grandes mejoras en los últimos 30 años. Queda camino por recorrer para... que nuestra presencia en las clasificaciones internacionales de manera que algunas de nuestras mejores universidades alcancen puestos de mayor relevancia"[126].

II. PREMIOS NOBEL ESPAÑOLES EN LOS RANKINGS

Esta referencia puede ser de interés para conocer el prestigio internacional de la Universidad a través de estos premios, al ser uno de los factores que se valoran en los rankings. Como profesor de universidad sólo hemos tenido uno, Ramón y Cajal, en 1906, es decir, que han transcurrido ciento veintiséis años sin que la Universidad española haya vuelto a tener un nuevo Nobel científico. Tampoco este retraso es un buen ejemplo para la Universidad. Severo Ochoa fue otro científico español, que no pudo ser catedrático en España, aunque lo intentó[127], se marcharía a Estados Unidos donde consiguió el Nobel, también como Cajal, en el campo de la Fisiología o Medicina. En cuanto a premios Nobel en general estamos en una posicion muy baja a nivel internacional, pues sólo tenemos ocho, casi todos de Literatura. Si excluimos a Severo Ochoa, pues en realidad la mayor parte de su vida científica se desarrolla en Estados Unidos, nos quedan siete Nobel, de los que seis son de Literatura. Esto pone de manifiesto que España ha sido galardonada casi excluisavemente en el campo de la Lite-

[126] DOCAMPO AMOEDO, op.cit.

[127] Vid. nota 2.

ratura y no en el de las Ciencias. Esto repercute en el terreno de aquellas materias que conllevan al desarrollo industrial, patentes, etc., bases para la economía, el desarrollo, la investigación... de un país. Nuestras Universidades adolecen, desde hace mucho tiempo, de un programa efectivo en la promoción de la disciplinas científicas.

Sin especificar que los Nobel se han concedido a profesores universitarios, sino teniendo en cuenta el número de los galardonados por países, el nuestro ocupa el puesto 14 en Europa. Inicia el ranking el Reino Unido, con 132 mientras que España tiene 8 [128]. De estos seis son de literatura[129], y sólo dos en el campo científico[130]. En todos los países el número de premiados son en el campo científico y pocas veces en literatura, lo que pone de manifiesto nuestro escaso prestigio dentro de los Nobel en el campo de las Ciencias. Por ejemplo, Reino Unido, con 132 Nobel, 10 son de Literatura[131]; Alemania de 108, de Literatura son 7; En Francia 12 de 70; en Suecia, 5 de 32; en Suiza, 2 de 28, En Austria, 2 de 22; en los Países Bajos de los 21 Nobel obtenidos no hay ninguno de Literatura[132]. Italia de los 20 Nobel obtenidos también tiene 6 de literatura[133].

---

[128] Laureados por países: Reino Unido, 132, Alemania (108),Francia (70), Suecia (32), Suiza (28), Austria (22), Paises Bajos (21), Italia (20), Polonia (19), Dinamarca (13),Hungría (13)Noruega (13), Bélgica (11), España (8).

[129] Echegaray (1904), Jacinto Benavente (1922), Juan Ramón Jiménez (1956), Vicente Aleixandre (1977), Camilo José Cela (1989), Mario Vargas Llosa (2010).

[130] Ramón y Cajal (1906), Severo Ochoa (1959).

[131] En Reino Unido, los pemios fueron: de Fisiología o Medicina, 32, Química (30), Fisica (24), Economía (10)...Literatura (10).

[132] Los Nobel en los países Bajos son: de Física, 10; Química (3), Fiología o Medicina (3), Economía (2), Paz (2).

[133] Nobel en Italia: Litertura, 6; Fisiología o Medicina (6), Física (5), Química (1), Economía (1), Paz (1).

Consideración final

¿Hay alguna esperanza de revertir la situación? Sobre su reestructuración general, ninguna. Entre los profesores se ha aceptado o tolerado todo el sistema de arbitrariedades y corruptelas que rodean a la acreditación y posterior acceso a los cuerpos docentes universitarios, aunque algunos lo critiquen. En cuanto a cambios en la selección del profesorado por ahoras pocas. La Universidad como institución está dormida, pero no corre peligro, pues las universidades privadas todavía están lejos de poder competir con las públicas, aunque algunas ya están consolidadas. Los políticos no harán modificaciones de calado que puedan perjudicar a sus intereses o generar conflictos en los *campus*: les importa más politizarlas para favorecer a sus correligionarios y conseguir votos, sin importarles los efectos. Los profesores defienden, además de su función, otros intereses como la consecución de sexenios o su promoción a la escala superior. Para los estudiantes lo importante es conseguir la titulación, sin perjuicio de que también quieran aprender, y a los padres que la consigan sin crearles problemas. La Universidad seguirá avanzando, pero menos de lo que debería, como consecuencia de los muchos problemas que padece -con todos los perjuicios que conlleva, incluyendo la fuga de cerebros. Como institución seguirá en su declive, aunque no faltarán Facultades y Escuelas e incluso Departamentos de prestigio, que junto con muchos profesores y estudiantes valiosos asegurarán su supervivencia.

I. Endogamia y comisiones en los concursos de acceso al profesorado univesitario

Aunque la LOSU no ha querido resolverlo, teniendo en cuenta que estos concursos se realizan en base a la normativa interna de cada Universidad, la cuestión puede reconducirse en buena medida exigiendo a los concursantes un examen oral para demostrar que conozcan la asignatura. En cuanto a la lista para elegir a la mayoría de los componentes de las comisiones de acceso al profesorado, puede extenderse a todos los profesores de la materia que componen el escalafón. Esperemos que las universidades se decidan por introducir estos cambios en el sistema de acceso al profesorado. Pueden hacerlo, simplemente modificando su normativa interna. Es poco probable que lo hagan, aunque puede haber alguna excepción[134], pues el sistema está consolidado.

[134] La Universidad de Alcalá, en la convocatoria de acceso a una plaza de Profesor Titular (BOE núm. 242 del 7-10-2024), exige conocer el programa de la asignatura. Dice: "La segunda prueba consisstirá en la exposición oral de una lección del proyecto docente presentado, escogida por cada persona aspirante de entre tres sacadas a sorteo...".

BIBLIOGRAFÍA

ALARICO y FRANCO, M.A., "Cincuenta años de Universidad y continuando", en HERNÁNDEZ, J., DELGADO-GAL, A., PERICAY, X., (eds.), *La universidad cercada. Testimonios de un naufragio,* Barcelona, Anagrama, 2013.

ALVAREZ DE MORALES, A., *La Ilustración y la reforma de la Universidad del Siglo XVII,* Madrid, Ediciones Pegaso, 1985.

ALVAREZ, P., "La OCDE alerta de las bajas aptitudes de los licenciados españoles", en *El País* de 8-7-2014.

ALZAGA VILLAAMIL, O., Informe de la "Comisión de Expertos para la Reforma del sistema Universitario Español", Madrid, 2013.

— Addenda al Informe, 2013.

AZCÁRRAGA FELIU, J.A., Informe de la Comisión de Expertos, cit.

ARMORA, E., "El catalán frena la llegada de talento a la ciencia", en el diario *El Mundo* de 18-5-2024.

BERMEJO BARRERA, C. J., La *fábrica de la ignorancia. La Universidad del "como si",* Madrid, Akal, 2009.

— *La maquinación y el privilegio. El gobierno de las Universidades,* Madrid, Akal, 2011.

BLANCO VALDÉS, R.L., "La Universidad española, barrendera de ilusiones", en *La universidad cercada. Testimonios de un naufragio,* cit.

CAPMANY FRANCOY, J., Informe de la Comisión de Expertos, cit.

CARRERAS, F., "Tres problemas de la Universidad", en *El País* de 16-12-2014.

CARRERAS, J., "Avaluació de la qualitat docent i promoció del professorat. Legislació universitària espanyola: de la Llei de reforma universitària (1983) a la Llei orgànica d´universitats (2002)", en *Temps d´Educació,* 29, 2005.

DOCAMPO AMOEDO, D., "Los rankings académicos como herramienta de benchmarking institucional" (PDF), 2001.

DOPICO GÓMEZ-ALLER, J., "El ocaso de la acreditación formalista.(1) La Aneca no evalúa la investigación", en *Faneca,* 27-2-2002.

EMBID IRUJO, A., "Universidad y competitividad", en *El Cronista,* núm. 23, 2011.

ESTEBAN, J., "La universidad de los despropósitos", en *El Mundo* de 16-11-2001.

FERNÁNDEZ RODRÍGUEZ, T.R., "Bravos y mediocres", en *El Mundo* de 3-7-2013.

GARCÍA DE BLAS, E. y MORA CABALLERO, A. J., "La endogamia enferma el campus. El sistema de selección del profesorado lastra la producción científica", en *El País* 24-3-2014.

GARCÍA GUAL, C., "Mi experiencia universitaria y otras divagaciones", en *La universidad cercada. Testimonio de un naufragio*, cit.

GARCÍA OLMEDO, F., "Memoria Universitaria (1941-2011)", en *La universidad cercada. Testimonio de un naufragio*, cit.

GARICANO GABILONDO, L., *El dilema de España*, Barcelona, Ediciones Península, 2014.

— Informe de la Comisión de Expertos ..., cit.

GINER DE LOS RÍOS , F., *escritos sobre la universidad española* , ed. de Rodríguez Lecea, Madrid, Espasa Calpe, 1990.

GÓMEZ-SANTOS, M., *Severo Ochoa. La emoción de descubrir*, Madrid, Ediciones Pirámide, 1993.

GOÑY URCELAY, F.M., Informe de la Comisión de Expertos, cit.

GRAU VIDAL, F.X., *La Universidad Pública. Retos y prioridades en el marco de la crisis del primer decenio del siglo XXI*, Tarragona, Publicaciones URV, 2012.

GUBERN, R., "La Universidad, de lejos y en el plano general", *en La Universidad cercada. Testimonio de un naufragio*, cit.

HERNÁNDEZ, J., DELGADO-GAL, A., y PERICAY, X., *La Universidad cercada. Testimonios* de un naufragio, Barcelona, Anagrama, 2013.

HUGUET CANALIS, A., LAPRESTA REY, C., SENAR MORERA, F., y JANES-CARULLA, J., "La selección del profesorado universitario en España. ¿Una asignatura pendiente?" en *Revista de Psicología y Educación* (2024) m 19-1.

IGLESIAS DE USSEL, J., "Los retos de la Universidad española, en los inicios del siglo XXI", en *El Cronista*, núm. 23, 2011.

— "Unamuniana a propósito de la Ley de Universidades", en *El Mundo* de 8-12-2001.

Informe de la "Comisión de Expertos para la Reforma del Sistema Universitario Español", Madrid, 2013.

— Addenda al Informe, 2013.

JOFRÉ, J.P., "Dimite la ministra de Educación de Alemania por plagiar su tesis", en *ABC* de 10-2-2013.

JULIÁ IGUAL, J.F., *De buenas Universidades a mejores Universidades, esa es la cuestión*, Madrid, Tecnos, 2013.

LAMO DE ESPINOSA, E., "La Universidad española, entre Bolonia y Berlín", en *La universidad cercada. Testimonio de un naufragio*, cit.

LLEDÓ, E., *Sobre la educación,* Madrid, Taurus, 2018.

LINDE PANIAGUA, E., *El proceso de Bolonia: un sueño convertido en pesadilla,* Madrid, Cuadernos Cívitas, 2010.

LLOVET, J., *Adiós a la universidad,* Barcelona, Galaxia Gutenberg, 2013.

LÓPEZ MEDEL, J., *Ortega y Gasset en el pensamiento jurídico,* Madrid, Dykinson, 2003.

MANGAS MARTÍN, A., "La evaluación de la investigación jurídica en España", en *El Cronista,* núm. 23, 2011.

— "Dispendio universitario en proyectos fantasmas", en *El Mundo* de 7-3-2010.

MARIN, M.I. y ALVAREZ, P., "La endogamia alcanza al 73% de los docentes", en *El País* de 30-11-2014.

MICHAVILA, F., "La Universidad con viento en contra", en *El Cronista,* núm. 23, octubre 2011.

MIRAS-PORTUGAL, M.T. , Informe de la Comisión de Expertos ..., cit.

NIETO, A., *La tribu universitaria,* Madrid, Tecnos, 1984.

NUÑEZ, C.E., *Universidad y Ciencia en España. Claves de un fracaso y vías de solución, Madrid,* Gadir, 2013.

OLIVA SANTOS, A., "Análisis crítico de la teoría y la praxis de la Aneca", 2002.

OLLERO, A., *Qué hemos hecho con la Universidad. Cinco lustros de política educativa,* Pamplona, Thomson- Aranzadi, 2007.

— "Justicia envidiable", en *ABC* de 9-9-2008.

ORTEGA Y GASSET, J., *Misión de la universidad,* Madrid, Revista de Occidente, 1930.

PARDO, J.L., "El conocimiento líquido. Sobre la reforma de las universidades públicas", en *La universidad cercada. Testimonio de un naufragio,* cit.

PÉREZ- DÍAZ, V., *Universidad, ciudadanos y nómadas,* Madrid, Ediciones Nobel 2010.

— "La crisis endémica de la Universidad española", en *Claves de la Razón Práctica, 158.*

PUYOL ANTOLÍN, R., Informe de la Comisión de Expertos, cit.

RAMÓN Y CAJAL, S., *Reglas y consejos sobre investigación científica. Los tónicos de la voluntad* (prólogo de Severo Ochoa), Madrid, Colección Austral, 16ª ed., 2000.

ROBLES, F., *Los hijos de la LOGSE. Claves para entender y superar el fracaso educativo,* Almuzara, Córdoba, 2008.

RODRÍGUEZ INCIARTE, M., Informe de la Comisión de Expertos ..., cit.

SÁNCHEZ FERRER, L., *Política de reforma universitaria en España: 1983-1993,* Madrid, Instituto Juan March de Estudios e Investigación, 1996.

SANCHEZ RON, J.M., *El país de los sueños perdidos. Historia de la ciencia en España,* Barcelona, Penguin Randam. House Grupo Editorial, S.A.U., 2020.

— *Cajal y la emoción de los libros*, Madrid, Consejo Superior de Investigaciones Científicas, 2024.

SANMARTÍN, O, en diario *El Mundo,* de 10-3-2023, pp.2-3.

SERRANO GÓMEZ, A., *Corrupción en la Universidad. La ley y sus efectos negativos en la selección del profesorado,* Madrid, Dykinson, 2015.

— *¿Qué estais haciendo con la Universidad?*, en *Diario LA LEY,* 2021, núm. 9910, de 10-9-2021.

SEVERO OCHOA, prólogo a la decimosexta edición de la obra de RAMÓN Y CAJAL, S., *Reglas y consejos sobre investigación científica. Los tónicos de la voluntad,* Madrid, Espasa Calpe, 2000.

SORIANO GARCÍA, J.E., "La Aneca: una fundación ilegal" en *El Imparcial* de 21-1-2015.

SOSA WAGNER, F., "Una ficción envenenada: La autonomía universitaria", en *La universidad cercada.* Testimonio *de un naufragio,* cit.

— *El mito de la autonomía universitaria,* Madrid, Civitas, 2007.

— "Acreditación del profesorado universitario", en *El Mundo* de 22-6-2007.

— "De maestros, doctorado y universidades", en diario *El Mundo,* del 15-9-2018, p. 17.

— *Novela ácida universitaria, Madrid,* Editorial funambulista, 2019.

TORTELA, G., "Mis Universidades", en *La universidad cercada. Testimonio de un naufragio,* cit.